三聯學術

著作权所有：© 东大图书股份有限公司
本书中文简体字版由东大图书股份有限公司授权生活·读书·新知三联书店在中国境内（台湾、香港、澳门地区除外）独家出版。
本书中文简体字版禁止以商业用途于台湾、香港、澳门地区散布、销售。
版权所有，未经著作权所有人书面授权，禁止对本书之任何部分以电子、机械、影印、录音或其他方式复制或转载。

钱穆 作品精选

中国历代政治得失

Simplified Chinese Copyright © 2018 by SDX Joint Publishing Company.
All Rights Reserved.
本作品简体中文版权由生活·读书·新知三联书店所有。
未经许可,不得翻印。

图书在版编目(CIP)数据

中国历代政治得失／钱穆著. —北京:生活·读书·
新知三联书店,2018.10 (2021.4 重印)
(钱穆作品精选)
ISBN 978 - 7 - 108 - 06300 - 7

Ⅰ.①中… Ⅱ.①钱… Ⅲ.①政治制度史 - 研究 - 中国 - 古代 Ⅳ.① D691.21

中国版本图书馆 CIP 数据核字(2018)第 077682 号

责任编辑　冯金红
装帧设计　蔡立国
责任印制　董　欢
出版发行　生活·讀書·新知 三联书店
　　　　　(北京市东城区美术馆东街 22 号 100010)
网　　址　www.sdxjpc.com
图　　字　01-2018-0413
经　　销　新华书店
印　　刷　北京市松源印刷有限公司
版　　次　2018 年 10 月北京第 1 版
　　　　　2021 年 4 月北京第 10 次印刷
开　　本　880 毫米 × 1092 毫米　1/32　印张 6.25
字　　数　110 千字
印　　数　090,001 - 110,000 册
定　　价　49.00 元
(印装查询:01064002715;邮购查询:01084010542)

目 录

前言 / 1
序 / 1

第一讲　汉代 / 1
　　一、汉代政府组织 / 1
　　　　甲、皇室与政府 / 1
　　　　乙、中央政府的组织 / 5
　　　　丙、汉代地方政府 / 10
　　　　丁、中央与地方之关系 / 11
　　二、汉代选举制度 / 12
　　三、汉代经济制度 / 17
　　四、汉代兵役制度 / 23
　　五、汉制得失检讨 / 28

第二讲　唐代 / 38
　　一、唐代政府组织 / 38
　　　　甲、汉唐相权之比较 / 38
　　　　乙、唐代中央政府三省职权之分配 / 40

丙、中央最高机构政事堂 / 41
　　　丁、尚书省与六部 / 45
　　　戊、唐代地方政府 / 48
　　　己、观察使与节度使 / 49
　二、唐代考试制度 / 52
　　　甲、魏晋南北朝时代之九品中正制 / 52
　　　乙、唐代之科举 / 56
　三、唐代经济制度 / 59
　　　甲、唐代的租庸调制 / 59
　　　乙、唐代账籍制度 / 61
　　　丙、唐代的两税制 / 62
　　　丁、汉唐经济财政之比较 / 67
　四、唐代兵役制度 / 68
　五、唐代制度综述 / 74

第三讲　宋代 / 76
　一、宋代政府组织 / 76
　　　甲、宋代中央政府 / 76
　　　乙、相权之分割 / 76
　　　丙、君权之侵揽 / 78
　　　丁、谏垣与政府之水火 / 82
　　　戊、宋代地方政府 / 86
　二、宋代考试制度 / 88
　三、宋代赋税制度 / 92
　四、宋代兵役制度与国防弱点 / 95

第四讲　明代 / 104
　一、明代的政府组织 / 104
　　　甲、明代之中央政府 / 104

乙、明代内阁制度 / 107
　　丙、明代地方政府 / 116
　　丁、元明以下之省区制度 / 118
　　戊、明代地方之监司官与督抚 / 123
　　己、明清两代之胥吏 / 125
二、明代考试制度 / 129
　　甲、进士与翰林院 / 130
　　乙、八股文 / 133
三、明代赋税制度 / 134
四、明代兵制 / 138

第五讲　清代 / 143
一、制度与法术 / 143
二、清代的部族政权 / 144
三、清代部族政权下的政府 / 148
　　甲、清代中央政府 / 148
　　　　子、清代的军机处 / 149
　　　　丑、清代的六部尚书 / 153
　　乙、清代地方政府 / 158
　　丙、清代的各禁区 / 159
四、部族政权下之考试制度 / 160
五、清代的统制政策 / 162
六、民众的反抗运动 / 166
七、变法与革命 / 168

总论 / 173

前　言

此次承贵会邀约讲演，讲题大体规定是讲中国历代的政治得失。但中国传统政治，历代间，也极多变迁，若笼统讲，恐不着边际。若历代分别讲，又为时间所限。兹仅举要分为五次：一讲汉代，二讲唐代，以后继续讲宋、明、清。一次讲一个朝代，这是中国历史上最重要的五个朝代。只讲此五个朝代，大体上便可代表中国历史之全进程。本来政治应该分为两方面来讲：一是讲人事，一是讲制度。人事比较变动，制度由人创立亦由人改订，亦属人事而比较稳定，也可以规定人事，限制人事。这一番讲演，则只想多讲制度，少讲人事。但要讲制度甚不易。在史学里，制度本属一项专门学问。首先，要讲一代的制度，必先精熟一代的人事。若离开人事单来看制度，则制度只是一条条的条文，似乎干燥乏味，无可讲。而且已是明日黄花,也不必讲。第二,任何一项制度,决不是孤立存在的。各项制度间,必然是互相配合,形成一整套。否则那些制度各各分裂,决不会存在,也不能推行。第三,制度虽像勒定为成文,其实还是跟着人事随时有变动。某一制度之创立,决不是凭空忽然地创立,它必有渊源,早在此项制度创立之先,已有此项制度之前身,渐渐地在创立。某一制度之消失,也决不是无端忽然地消失了,它必有流变,早在此项制度消失之前,已有此项制度之后影,渐渐地在变质。如此讲制度,才能把握得各项制度之真相,否则仍只是一条条的具文,决不是能在历史上有真实影响的制度。第四,某一项制度之逐渐创始而臻于成熟,在当时必有种种人事需要,逐渐在酝酿,又必有种种用意,来创设此制度。这些,在当时也未必尽为人所知,一到后世,则更少人知道。但任何一制度之创立,必然有其外在的需要,必然有其内在的用意,则是断无可疑的。纵然事过境迁,后代人都不了解了,即其在当时,也不能尽人了解得,但到底这不是一秘密。在当时,乃至在不远的后代,仍然有人知道得该项制度之外在需要与内在用意,有记载在历史上,这是我们讨论该项制度所必须注意的材料。否则时代已变,制度已不存在,单凭异代人主观的意见和悬空的推论,决不能恰切符合该项制度在当时实际的需要和真确的用意。第五，任何一制度，决不会绝对有利而无弊，也不会绝对有弊而无利。所谓得失，即根据其实际利弊而判定。而所谓利弊，则指其在当时所发生的实际影响而觉出。因此要讲某一代的制度得失，必须知道在此制度实施时期之有关各方意见之反映。这些意见，才是评判该项制度之利弊得失的真凭据与真意见。此种意见，我将称之曰历史意见。历史意见，指的是在那制度实施时代的人们所切身感受而发出的意见。这些意见，比较真实而客观。待时代隔得久了，该项制度早已消失不存在，而后代人单凭后代人自己所处的环境和需要来批评历史上已往的各项制度，那只能说是一种时代意见。时代意见并非是全不合真理，但我们不该单凭时代意见来抹杀已往的历史意见。即如我们此刻所处的时代，已是需要民主政治的时代了，我们不能再要有一个皇帝，这是不必再说的。但我们也不该单凭我们当前的时代意见来一笔抹杀历史，认为从有历史以来，便不该有一个皇帝，皇帝总是要不得，一切历史上的政治制度，只要有了一个皇帝，便是坏政治。这正如一个壮年人，不要睡摇篮，便认为睡摇篮是要不得的事。但在婴孩期，让他睡摇篮，未必要不得。我上述的历史意见，单就中国历史论，如今所传历代名臣奏议之类，便是一项极该重视的材料。那些人，在历史上，在他当时，所以得称为名臣，而他们那些奏议，所以得流传下，仍为此后较长时期所保留，所诵览，正因为他们的话，在当时，便认为是可以代表他们当时的时代意见的。只有在当时成为时代意见的，所以到后来，才能成为历史意见。我们此刻重视这些历史意见，其意正如我们之重视我们自己的时代意见般。这两者间，该有精义相通，并不即是一种矛盾与冲突。第六，我们讨论一项制度，固然应该重视其时代性，同时又该重视其地域性。推扩而言，我们该重视其国别性。在这一国家，这一地区，该项制度获得成立而推行有利，但在另一国家与另一地区，则未必尽然。正因制度是一种随时地而适应的，不能推之四海而皆准，正如其不能行之百世而无弊。我们讲论中国历史上的历代制度，正该重视中国历史之特殊性。若我们忽视了这一点，像我们当前学术界风尚，认为外国的一切都是好，中国的一切都要不得，那只是意气，还说不上意见，又哪能真切认识到自己以往历代制度之真实意义与真实效用呢？第七，说到历史的特殊性，则必牵连深入到全部文化史。政治只是全部文化中一项目，我们若不深切认识到某一国家某一民族全部历史之文化意义，我们很难孤立抽出其政治一项目来讨论其意义与效用。

我们单就上举七端，便见要讲历史上的政治制度，其事甚不易。我们再退一步，单就制度言，也该先定一范围。我此刻首先想讲政府的组织：换句话说，是讲政府职权的分配。即就汉唐宋明清五个朝代来看中国历史上政府职权分配之演变，我们便可借此认识中国传统政治之大趋势，及其内在之根本意向。第二范围想讲考试和选举。照理应该先讲此一项，让我们先知道中国历来政治上规定着哪种人才可参加政府，由是再讲这个政府之怎样组织，及其职权之怎样分配，就更容易明了其内在之意义。因为一国的政权，究竟该交付与哪些人，这是第一义。至于政府内部各项职权之究应如何分配，这已属第二义。中国历史上考试与选举两项制度，其用意是在政府和社会间打通一条路，好让社会在某种条件某种方式下来掌握政治，预闻政治，和运用政治，这才是中国政治制度最根本问题之所在。至于政府内部职权之怎样分配，这是政府的组织法，却并非产生政府的根本大法。因此照理言，第二范围更重于第一范围。但我下面所讲，因求简捷易明，故而将此两个项目之先后倒转了。第三个范围则讲政府的赋税制度，这是政府关于财政经济如何处理的制度。这一范围也可看得它很重要。中国以前专讲制度沿革的第一部书，唐代杜佑的《通典》，最先一门是食货，即是上述的第三范围。次讲选举，即上述第二范围。再讲职官，便是上述第一范围。现在为方便讲述起见，先职官，次考试，再次食货。而第三范围又只讲关于田赋的一项。第四范围我想讲国防与兵役制度。养育此政府的是经济，保卫此政府的是武力。这一范围也极重要。其他如学校制度教育制度等，本也很重要，但我想单从此四个范围，来指陈历代政治制度的沿革，纯从历史事实上来比较它的好坏，根据当时人的意见来说明它的得失。在此四范围以外的，则暂不涉及了。

序

我很早以前,就想写一部中国政治制度史。一则我认为政治乃文化体系中一要目。尤其如中国,其文化精神偏重在人文界。更其是儒家的抱负,一向着重修齐治平。要研究中国传统文化,绝不该忽略中国传统政治。辛亥前后,由于革命宣传,把秦以后政治传统,用专制黑暗四字一笔抹杀。因于对传统政治之忽视,而加深了对传统文化之误解。我们若要平心客观地来检讨中国文化,自该检讨传统政治,这是我想写中国政治制度史之第一因。再则我认为政治制度,必然得自根自生。纵使有些可以从国外移来,也必然先与其本国传统,有一番融和媾通,才能真实发生相当的作用。否则无生命的政治,无配合的制度,决然无法长成。换言之,制度必须与人事相配合。辛亥前后,人人言变法,人人言革命,太重视了制度,好像只要建立制度,一切人事自会随制度而转变。因此只想把外国现成制度,模仿抄袭。甚至不惜摧残人事来迁就制度。在新文化运动时期,一面高唱民主,一面痛斥旧传统,旧文化。我们试问是否民主政治可以全不与此一民族之文化传统有关联,而只经几个人的提倡,便可安装得上呢?而且制度是死的,人事是活的,死的制度绝不能完全配合上活的人事。就历史经验论,任何一制度,绝不能有利而无弊。任何一制度,亦绝不能历久而不变。历史上一切已往制度俱如是,当前的现实制度,也何尝不如是。我们若不着重本身人事,专求模仿别人制度,结果别人制度,势必追随他们的人事而变,我们也还得追随而变,那是何等的愚蠢。其实中国历史上已往一切制度传统,只要已经沿袭到一百两百年的,也何尝不与当时人事相配合?又何尝是专出于一二人之私心,全可用专制黑暗四字来抹杀?这是我想写一部中国政治制度史之第二因。但由于国家大局之动荡,私人生活之不安定,而自己想写的,感到比这一部书更重要的也还有,因此此书终于没有写。一九五二年三四月间,承何敬之先生要我讲演中国历代政治得失,但讲期只有五次,每次只限两小时,又为旅途匆促,以及其他条件,并不能对历史上传统制度详细陈述,精密发挥,只择汉唐宋明清五代略举大纲。本来想再就讲演记录把在讲演时未及提到的,略事增补。不幸讲演完成,我即负伤养病,在此期间,没有精力对此讲稿,再事改进。只得就原记录稿有与原讲义旨走失处稍稍校正，而其他不再润饰了。将来若偿夙愿，能写出一部较详备的中国政治制度史，则属至幸，而此书得以抢先呈教于读者之前，亦可稍自欣慰，并在此致谢何先生之美意。若无何先生这一番督命，连此小书，也不会有仓促完成之望的。此稿初成，在一九五二年八月我在台中养病时。嗣后又有邀约，请写一本"研究中国历代政治制度"的教材，截稿期限甚迫，乃就此稿稍加修改，如唐代的两税制，明代的赋税制度等，均有若干新资料补入，较原稿稍微充实，然恐尚多疏漏谬误，切盼读者之指正。

一九五五年八月钱穆于香港

第一讲　汉代

一、汉代政府组织

甲、皇室与政府

严格说来，要到秦汉才是中国历史上正式有统一政府。秦以前的中国，只可说是一种封建的统一。直要到秦汉，中央方面才有一个更像样的统一政府，而其所辖的各地方，也已经不是封建性的诸侯列国并存，而是紧密隶属于中央的郡县制度的行政区分了。因此讲中国传统政治，可以径从秦汉讲起，以前暂略不论。秦代只是汉代之开始，汉代大体是秦代之延续。所以秦代暂亦不讲，而只讲汉代。现在专说汉代政府究是怎样组织的？我们要看政府的组织，最重要的是看政府的职权分配。在此方面，我亦只想提出两点来加以申说。第一是皇室与政府之职权划分，第二是中央与地方的职权划分。我们知道：秦以后，中国就开始有一个统一政府，在一个统一政府里，便不能没有一个领袖。中国历史上这一个政治领袖，就是皇帝。这皇帝又是怎样产生的呢？在中国传统政治里，皇位是世袭的——父亲传给儿子。若用现代政治眼光来衡量，大家会怀疑，皇帝为什么要世袭呢？但我们要知道，中国的立国体制和西方历史上的希腊、罗马不同。他们国土小，人口寡。如希腊，在一个小小半岛上，已包有一百几十个国。他们所谓的国，仅是一个城市。每一城市的人口，也不过几万。他们的领袖，自可由市民选举。只要城市居民集合到一旷场上，那里便可表现所谓人民的公意。罗马开始，也只是一城市。后来向外征服，形成帝国。但其中央核心，还是希腊城邦型的。中国到秦、汉时代，国家疆土，早和现在差不多。户口亦至少在几千万以上。而且中国的立国规模，并不是向外征服，而是向心凝结。汉代的国家体制，显与罗马帝国不同。何况中国又是一个农业国，几千万个农村，散布全国，我们要责望当时的中国人，早就来推行近代的所谓民选制度，这是不是可能呢？我们若非专凭自己时代判断，来吞灭历史判断，我们应该承认皇位世袭，是中国已往政治条件上一种不得已或说是一种自然的办法。况且世界各国，在历史上有皇帝的，实在也不在少数。我们不能说，中国从前不用民主选举制，而有一个世袭的皇帝，便够证明中国传统政治之黑暗与无理性。在封建时代，本来有很多家庭有他们世袭的特权，这些皆所谓贵族。但从秦汉以后，封建制度早已推翻。单只皇室一家是世袭的，除却皇帝可以把皇位传给他儿子外，政府里便没有第二个职位，第二个家庭，可以照样承袭。郡太守不能把郡太守的职位传给他儿子，县令不能把县令的职位传给他儿子。这已是政治制度上一项绝大的进步。从前封建时代，政府和家庭，有分不开的关系，现在则不然了。组织政府的是一个一个人，不再是一个一个家。不过在那时，还留下一个很大的问题：便是皇室和政府的关系。皇室是不是即算政府？若把皇室和政府划开，这两边的职权又怎样分，这是秦汉时代首先遇到的一个大问题，也是此下中国政治史上一向要碰到的一个大问题。拿历史大趋势来看，可说中国人一向意见，皇室和政府是应该分开的，而且也确实在依照此原则而演进。皇帝是国家的惟一领袖，而实际政权则不在皇室而在政府。代表政府的是宰相。皇帝是国家的元首，象征此国家之统一；宰相是政府的领袖，负政治上一切实际的责任。皇权和相权之划分，这常是中国政治史上的大题目。我们这几十年来，一般人认为中国从秦汉以来，都是封建政治，或说是皇帝专制，那是和历史事实不相符合的。

要讲汉代皇权和相权之划分，让我先举一实例：当时皇帝宰相，各有一个"秘书处"，而两边的组织，大小不同。汉代皇帝有六尚，尚是掌管意。六尚是尚衣、尚食、尚冠、尚席、尚浴与尚书。五尚都只管皇帝私人的衣服饮食起居。只有尚书是管文书的，这真是皇宫里的"秘书"了。汉代开始的尚书，其职权地位本不高，后来才愈弄愈大。最先尚书只是六尚之一，这是皇帝的秘书处。若说到宰相的秘书处呢，共有十三个部门，即是当时所谓的十三曹，一个曹等于现在一个司。我们且列举此十三曹的名称，便可看出当时宰相秘书处组织之庞大，与其职权之广泛。一西曹，主府史署用。二东曹，主二千石长吏迁除，并包军吏在内。二千石是当时最大的官，以年俸有两千石谷得名。可见朝廷一切官吏任免升降，都要经宰相的秘书处。三户曹，主祭祀农桑。四奏曹，管理政府一切章奏，略如唐代的枢密院，明代的通政司。五词曹，主词讼，此属法律民事部分。六法曹，掌邮驿科程，这像现在的交通部，科程是指一切交通方面之时限及量限等。七尉曹，主卒曹转运，是管运输的，略如清代之有漕运总督。八贼曹，管盗贼。九决曹，主罪法。此两曹所管属于法律之刑事方面。十兵曹，管兵役。十一金曹，管货币盐铁。十二仓曹，管仓谷。十三黄阁，主簿录众事，这是宰相府秘书处的总务主任。这十三个机关，合成一个宰相直辖的办公厅。我们只根据这十三曹名称，便可想见当时全国政务都要汇集到宰相，而并不归属于皇帝。因为皇帝只有一个笼统的尚书处，只有一个书房。最先的尚书也仅有四人,而宰相府下就有十三个机关。这相府十三曹,比诸皇室尚书的范围大得多,而且此十三曹的权位也很重,也竟俨如后代之专部大臣。可见汉代一切实际事权,照法理,该在相府,不在皇室,宰相才是政府的真领袖。以上单据一例来讲皇室和政府的区别。从中国传统政治的大趋势看,一般意见一向是看重这区别的。

乙、中央政府的组织

现在说到汉代中央政府的组织。当时有所谓三公、九卿,这是政府里的最高官。丞相太尉御史大夫称三公,丞相管行政,是文官首长;太尉管军事,是武官首长;御史大夫掌监察,辅助丞相来监察一切政治设施。它是副丞相。依照汉代习惯,用现代语说,这里有一种不成文法的规定,须做了御史大夫,才得升任为丞相。太尉虽与丞相尊位相等,实际除却军事外,不预闻其他政事。因此当时最高行政长官实在是丞相。依照文字学原义,丞是副贰之意。所谓相,也是副。就如现俗称傧相,这是新郎新娘的副,新郎新娘不能做的事,由傧相代理来做。所以丞是副,相也是副,正名定义,丞相就是一个副官。是什么人的副官呢?他该就是皇帝的副官。皇帝实际上不能管理一切事,所以由宰相来代表。事情管得好与坏,责任在宰相,皇帝可以不负责任。为什么又叫宰相呢?在封建时代，贵族家庭最重要事在祭祀。祭祀时最重要事在宰杀牲牛。象征这一意义，当时替天子诸侯乃及一切贵族公卿管家的都称宰。到了秦、汉统一，由封建转为郡县，古人称"化家为国"，一切贵族家庭都倒下了，只有一个家却变成了国家。于是他家里的家宰，也就变成了国家的政治领袖。本来封建时代，在内管家称宰，出外做副官称相，所以照历史传统讲，宰相本来只是封建时代贵族私官之遗蜕。但正因如此，所以秦汉时代的宰相，他不但要管国家政务，还要管及皇帝的家务。这在周官书里的天官冢宰的职权，便是如此的。但现在的宰相，他既要掌管国家政府的一切事情，他再没有工夫管皇帝的家事，于是在御史大夫，即副丞相之下，设有一个御史中丞，他便是御史大夫的副，这个人就驻在皇宫里。那时凡具中字的官，都有指是驻在皇宫的。皇室的一切事，照例都归御史中丞管。御史中丞隶属于御史大夫，御史大夫隶属于宰相，如是则皇室一切事仍得由宰相管。从另一方面讲，宰相的来历，本只是皇帝的私臣，是皇帝的管家，自该管皇宫里的事。那是封建旧制遗蜕未尽。但从另一方面看，只好说，皇室也不过是政府下面的一部分。所以宫廷事，也归宰相来统治。那时，皇帝有什么事，交代御史中丞，御史中丞报告御史大夫，御史大夫再转报宰相。宰相有什么事，也照这个手续，由御史大夫转中丞，再转入内廷，这是当时皇室与政府关系之大概。

再说汉代的九卿，那是：太常、光禄勋、卫尉、太仆、廷尉、大鸿胪、宗正、大司农、少府。他们的官位都是二千石，又称中二千石。因他们都是中央政府里的二千石，以示别于郡太守地方行政首长之亦是二千石而名。若讲到这些九卿职名的来历，却很有趣味：太常在秦代叫奉常，这个常字，本当作尝。他是管祭祀祖先鬼神的。依四时奉献时物，让祖先鬼神时时尝新，故称奉尝。在古代，宗教意味犹在政治意味之上。古代的住宅，东偏是祠堂，即庙，西偏是家屋，即寝。生宅死宅，连在一起。后代民间此制虽废，皇宫仍沿旧轨。直到清代，太庙不是紧贴在皇宫的东边吗？古代的家庭，最重要的，可说不是活人而是死人，祭祖自属大事。宰就是掌管杀牛祭祖的。所以汉廷九卿的第一卿，也是管祭祀的。这个官，正名定义，该属于皇家，管皇家的庙，管皇家祭祖的一个家务官。不好算是朝廷公职。其次是光禄勋。这个官名，直到清代还有，但这三字的原义，却早就忘失了。依文义讲，勋该就是阍，古音相同，这是皇家的门房。光是大义，光禄该即是大麓，禄麓音同相借。为什么门房称大麓呢？此因古时代的皇帝，多半靠山住家，好像宋江在梁山泊，朱贵在山脚下开设酒店，好通报消息。所以皇帝居山，房门就设在山麓。尚书上说舜管尧的大麓，那便是舜做了尧的宰相。换言之，乃是当了尧的门房。因此光禄与勋是古今语，都指门房言。卫尉是一个武职，掌门卫屯兵，这是皇宫的卫兵司令。当时凡属军事方面的官都称尉。太仆犹之是皇帝的车夫，《论语》："子适卫，冉有仆"，仆是赶车的。皇帝出去，太仆就替他赶车。那是皇帝的汽车司机。廷尉是掌法的，犯了皇帝的法，都归他管。如此看来，太常管皇家太庙，光禄卫尉，一是门房头儿，一是卫兵头儿。这都是在里面的。皇帝出门，随带的是太仆，在外面有人犯法，就是廷尉的事。大鸿胪，一直相沿到清代，就等于外交部。也如现在之礼宾司，是管交际的。胪是传呼义。古礼主宾交接，由主传到主身边的相，再由主身边的相传到宾边的相，由是而再传达到宾之自身。鸿即大义。大胪是传达官。宗正是管皇帝的家族，其同姓本家及异姓亲戚的。以上七个卿，照名义，都管的皇家私事，不是政府的公务。由这七卿，我们可以看出汉代政治，还有很多是古代封建制度下遗留的陈迹。然而那时已是化家为国了，原来管皇帝家务的，现在也管到国家大事了。譬如太常就兼管教育，因为古代学术都是在宗庙的。西方也一样，直到现在，在他们，教育和宗教还是分不开。光禄勋原是皇帝的总门房，现在皇宫里一切侍卫都要他管。那时皇宫里的侍从，还不完全是太监，而且太监很少，大部分还是普通人。当时一般要跑入政府做官的人，第一步就得先进入皇宫里，充侍卫，奉侍皇帝，让皇帝认识，然后得机会再派出来当官。这些在皇宫里服务的，多半是年轻人，当时称作郎官，都归光禄勋管。孔子十二世孙孔安国，也就做过郎官。太仆呢，因管车马，所以国家一切武装，好像"坦克车、飞机"之类，他也连带管了。廷尉就变成司法，大鸿胪就变成外交。这是历史演变。我们推寻出这一演变，却并不是说汉代的中央政府还是一个封建政府，而当时的九卿还是皇帝之私臣。因此等卿都隶属于宰相，而所管亦全是国家公事。此外还有两个卿，就是大司农和少府，都是管财政经济的。大司农管的是政府经济，少府管的是皇室经济。大司农的收入支销国家公费，少府收入充当皇室私用。皇室不能用大司农的钱。所以我们说当时皇室和政府在法理上是鲜明划分的。当时全国田赋收入是大宗，由大司农管。工商业的税收，譬如海边的盐，山里的矿，原来收入很少，由少府管。这九卿，全都隶属于宰相。我们上面讲九卿，照名义来历，都是皇帝的家务官，是宫职，而系统属于宰相，岂不是宰相本是皇帝的总管家吗？但换句话说，便是当时政府的首长，宰相，可以管到皇宫里的一切。举例来说，少府掌管皇室经费，而少府属于宰相，宰相可以支配少府，即是皇室经济也由宰相支配。这样一讲，岂不是皇室反而在政府之下了吗？本来封建时代的宰相，就是皇帝的管家，但到了郡县时代，化家为国，宰相管的，已经是国家，不是私家了，所以他成了政府正式的首长。从前私家家庭中的各部门，也就变成公家政府的各部门。封建时代，以家为国，周天子是一个家，齐国是一个家，鲁国又是一个家，这样的贵族家庭很多，天下为此许多家庭所分割。那时在大体上说，则只有家务，没有政务。现在中国已经只剩了一家，就是当时的皇室。这一家为天下共同所拥戴，于是家务转变成政务了，这个大家庭也转变成了政府。原先宰相是这个家庭的管家，现在则是这个政府的领袖。

以上对于汉代的三公九卿，已经讲了一个大概。这是当时中央政府的组织情形。

丙、汉代地方政府

汉代的地方政府，共分两级：即郡与县。中国历史上的地方政府以县为单位，直到现在还没有变。汉时县的上面是郡，郡县数当然也随时有变动。大体说，汉代有一百多个郡，一个郡管辖十个到二十个县。大概汉代县数，总在一千一百到一千四百之间。中国历史上讲到地方行政，一向推崇汉朝，所谓两汉吏治，永为后世称美，这一点值得我们注意。若以近代相比，今天的地方行政区域，最高为省。一省之大，等于一国，或者还大过一国。一省所辖县，有六七十个以至一二百个，实在太多了。单就行政区域之划分而论，汉制是值得称道的。汉代郡长官叫太守，地位和九卿平等，也是二千石。不过九卿称为中二千石，郡太守是地方上的二千石。郡太守调到中央可以做九卿，再进一级就可当三公，九卿放出来也做郡太守。汉代官级分得少，升转极灵活，这又是汉制和后来极大的不同。九卿放出来当太守，并不是降级。地方二千石来做中二千石，也不是升级，名义上还是差不多。当时全国一百多个郡，太守的名位，都和九卿差不远，因此虽是中央政府大一统的局面，虽是地方行政区域划分得比较小，却不感觉得这个中央政府高高在上。

丁、中央与地方之关系

说到中央和地方的关系。每郡每年要向中央上计簿，计簿就是各项统计表册，也就是地方的行政成绩。一切财政、经济、教育、刑事、民事、盗贼、灾荒，每年有一个簿子，分项分类，在九十月间呈报到中央，这叫做上计。中央特派专员到地方来调查的叫刺史。全国分为十三个调查区，每一区派一个刺史，平均每一刺史的调查区域，不会超过九个郡。他的调查项目也有限制，政府规定根据六条考察，六条以外，也就不多管。地方实际行政责任，是由太守负责的。政府派刺史来调查，不过当一个耳目。所以太守官俸二千石，而刺史原始只是俸给六百石的小官。根据政府规定项目调查，纵是小官也能称任。而且惟其官小，所以敢说敢讲，无所避忌。这些刺史，上属于御史丞。皇宫里还有十五个侍御史，专事劾奏中央乃及皇宫里的一切事情的。部刺史和侍御史的意见，都报告到副宰相御史大夫，副宰相再报告宰相。副宰相所辅助宰相的，便是这一个监察的责任。

二、汉代选举制度

上面讲了汉代中央和地方的许多官，但这许多官从哪里来的呢？什么人才可以做宰相、御史大夫乃至这各部门的长官呢？这是讲中国政治制度上一个最主要的大题目。在古代封建世袭，天子之子为天子，公之子为公，卿之子为卿，大夫之子为大夫，做官人有一定的血统，自然不会发生有此问题。但到秦汉时代便不同了。封建世袭制度已推翻，谁该从政，谁不该从政呢？除却贵族世袭外，首先令人想到军人政治，谁握有兵权，谁就掌握政权，支配仕途，但汉代又并不然。其次令人想到富人政治，谁有财富，谁便易于入仕，易于握权，但汉代也不然。我们讲汉代关于此一方面的制度，要到汉武帝以后，才渐趋于定型。那时已有了太学，好如现在的国立大学。当时国立大学，只有一个，这里面的学生，考试毕业分两等，当时称科。甲科出身的为郎；乙科出身的为吏。郎官是属于光禄勋下面的皇宫里的侍卫，依旧例，凡做二千石官的（汉朝这样的官很多，中央虽只有三公九卿十多个，地方上的太守就有一百多个），他们的子侄后辈，都得照例请求，送进皇宫当侍卫。待他在皇帝面前服务几年，遇政府需要人，就在这里面挑选分发。这一制度，虽非贵族世袭，但贵族集团，同时便是官僚集团，仕途仍为贵族团体所垄断。这在西方，直到近代还见此制。中国则自汉武帝以后便变了。当时定制，太学毕业考试甲等的就得为郎，如是则郎官里面，便羼进了许多知识分子，知识分子却不就是贵族子弟。至考乙等的，回到其本乡地方政府充当吏职。吏是地方长官的掾属。汉代官吏任用，有一限制，地方长官定要由中央派，太守如是，县令也如是。但郡县掾属，必得本地人充当。譬如台北市的人，不能当台北市的市长；但台北市政府从市长以下的一切官，在汉代称为掾属的，那就绝对要用台北市的本地人。不过辟用掾属的权，则在长官手里，这叫做辟署。三公、九卿、郡太守、县令，这些是由皇帝由中央政府任命的。宰相下面的十三曹，就由宰相自己辟用。此外各衙门首长以下，全是吏，全由各衙门首长自己任用。现在这个太学生考了乙等，譬如他是会稽郡人，他便回到会稽，指定由郡县政府试用，这所谓补吏。补郎与补吏，是太学生毕业后应有的待遇。

再说到汉代的选举制度,历史上称之谓乡举里选。当时各地方时时可以选举人才到中央。他们的选举,大体可分为两种,也可说是三种:一种是无定期的,譬如老皇帝死了,新皇帝即位,往往就下一道诏书,希望全国各地选举人才到朝廷;或是碰着大荒年,大水灾,或是大瘟疫,这表示政府行政失职,遭受天谴,也常下诏希望地方推举贤人,来向政府说话,或替国家做事。这些选举是无定期的。这样选举来的人,多半称为贤良。贤良选到了政府以后,照例由政府提出几个政治上重大的问题,向他们请教。这叫做策问。策即是一种竹片,问题写在竹简上,故称策问。一道道的策问,请教贤良们大家发表意见,这叫对策。政府看了他们的意见,再分别挑选任用,这是一个方式。这一种选举,既不定期,也无一定的选举机关。地方民意也可举,三公九卿,政府大僚,也可举。所举则称为贤良,贤良是指有特出才能的人。第二种是特殊的选举,譬如政府今年要派人出使匈奴,出使西域,需要通外国语,能吃苦,能应变,所谓出使绝域的人,政府常常下诏征求。只要自问自己有此才干,可以自己报选。又如军队里要用军事人才,或如黄河决口,需要晓习治水的人,大家知道有这种人才,大家可以举,自己觉得有把握,自己也可直接来应选。这是一种特殊的选举。后来又有一种有定期的选举,那就是选举孝廉。汉代一向有诏令地方察举孝子廉吏的。但地方政府有时并不注意这件事，应选人也不踊跃。汉武帝时，曾下了一次诏书，大意说：你们偌大一个郡，若说竟没有一个孝子一个廉吏可以察举到朝廷，那是太说不过去的事。而且地方长官的职责，不仅在管理行政，还该替国家物色人才；若一年之内，连一个孝子一个廉吏都选不出，可见是没有尽到长官的责任。于是汉武帝就下令叫大家公议，不举孝子廉吏的地方长官应如何处罚。这一来，就无形中形成了一种有定期的选举。无论如何，每郡每年都要举出一个两个孝子廉吏来塞责。汉代一百多个郡，至少每年要有两百多孝廉举上朝廷。这些人到了朝廷，并不能像贤良般有较好较快的出身，他们大抵还是安插在皇宫里做一个郎官。如是则一个太学生，当他分发到地方政府充当吏属之后，他仍还有希望被察举到皇宫里做一个郎。待他在郎署服务几年，再分发出去。自从武帝以后，汉代逐渐形成了一种一年一举的郡国孝廉，至少每年各郡要新进两百多个孝廉入郎署，十几年就要有两千个。从前皇宫里的郎官侍卫本也只有二千左右。自此制度形成，二三十年后，皇宫里的郎官，就全都变成郡国孝廉，而那些郡国孝廉，又多半是由太学毕业生补吏出身的。如是则皇帝的侍卫集团，无形中也变质了，全变成大学毕业的青年知识分子了。于是从武帝以后，汉代的做官人渐渐变成都是读书出身了。后来郎署充斥，要待分发任用的人才尽多，于是就把无定期选举，特殊选举都无形搁下，仕途只有孝廉察举的一条路，这是到东汉时代的事了。这一制度，又由分区察举，演进到按照户口数比例分配，制为定额。那时是郡国满二十万户的得察举一孝廉，由是孝廉只成为一个参政资格的名称，把原来孝子廉吏的原义都失去了。最后又由郡国察举之后，中央再加上一番考试。这一制度，于是会合有教育、行政实习、选举与考试之四项手续而始达于完成。

我们从此看出：这一制度在当时政治上是非常重要的。一个青年跑进太学求学，毕业后，派到地方服务。待服务地方行政有了成绩，再经长官察选到中央，又须经过中央一番规定的考试，然后才始正式入仕。那是当时入仕从政的惟一正途。政府一切官吏，几乎全由此项途径出身。这样的政府，我们再也不能叫它做贵族政府。郎官之中虽然也尽有贵族子弟，但究竟是少数。我们也不能称之谓军人政府，因郎官并不是由军人出身的。我们也不能称之为资本主义的政府，因这些郎官，都不是商人资本家的子弟。这样的政府，我们只能叫它做读书人的政府，或称士人政府。汉代从昭宣以下的历任宰相，几乎全是读书人，他们的出身，也都是经由地方选举而来。并不是由其血统上和皇帝以及前任大官有什么关系，或者是大军人大富人，才爬上政治舞台。完全是因其是一读书知识分子而获入仕途。这一情形，直从汉代起。我们可说中国历史上此下的政府，既非贵族政府，也非军人政府，又非商人政府，而是一个"崇尚文治的政府"，即士人政府。只许这些人跑上政治舞台，政府即由他们组织，一切政权也都分配在他们手里。

三、汉代经济制度

上面讲的是政府之形成，及其职权分配之内容。下面要讲到支持政府的主要经济问题，即赋税制度。汉代对于轻徭薄赋这一理想算是做到了。战国时孟子讲过："什一而税，王者之政"，可见战国税额，是不止什一的，在孟子以为什一之税已是很好了。可是汉代，税额规定就只有"十五税一"。而且，实际上只要纳一半，三十税一。一百石谷子，只要纳三石多一点的税。甚至当时人还说有百一之税的（见荀悦《前汉纪》），并在文帝时，曾全部免收田租，前后历十一年之久。这是中国历史上仅有的一次。这因中国疆土广，户籍盛，赋税尽轻，供养一个政府，还是用不完。然而汉代税制，有一个大毛病。当时对于土地政策，比较是采用自由主义的。封建时代的井田制早已废弃，耕者有其田，土地的所有权属于农民私有，他可自由使用，也可自由出卖。遇到经济困乏，田地可以买卖，就形成了兼并。若我们进一步问，为什么政府税额轻了，农民还要卖去自己的田地呢？这当然还有其他原因。这须讲到当时的人口税兵役税，乃及社会经济之全体貌。此刻无暇涉及。但耕户卖去了他的土地所有权以后，他就变成一佃农，田主对佃农的租额是很高的。有的高到百分之五十（即十分之五）。结果政府的租税愈轻，地主愈便宜，农民卖了地，要纳十分之五的租给地主，地主向政府只要纳三十分之一的税。政府减轻田租，只便宜了地主，农民没有受到分毫的好处。这是讲的田租。

但这里已牵涉到土地所有权问题。封建时代，四封之内，莫非王土，食土之毛，莫非王臣，土地为封建贵族所专有。耕田者依时还受，这是井田制度一项主要的条件。现在封建破坏，土地归民间私有。既属私有，自可自由买卖。政府只管按田收税，不管田地谁属。卖田的和买田的，双方共同成立一种契约。这纯是民间经济贸易关系。所以在自由买卖下的大地主，并不即是封建贵族。封建是政治性的，而此刻的地主，则由经济条件而形成。他可以自由买进，也可以自由卖出。正因为土地私有，耕者有其田，才有了自由买卖，才开始有兼并，才使贫者无立锥之地。以后中国历史上的土地政策，一面常欣羡古代井田制度之土地平均占有，但一面又主张耕者有其田，承认耕地应归属民间之私产。在这两观念之冲突下，终使土地租税问题得不到一个妥适的解决。

再说全国土地，也并非全属耕地。则试问非耕地的主权，又是谁的呢？一座山，一带树林，一个大的湖，在封建时代，自然是四封之内，莫非王土，耕地非耕地，同样该属于贵族。耕地开放了，散给农民，平均分配，成为井田，而非耕地则成为不公开的禁地。山林池泽，贵族另派管理员如虞人之类去看守。后来情势变了，耕地所有权，逐渐转移到农夫手里。而非耕地的禁区呢？也渐渐被民间私下闯入，烧炭伐木，捕鱼猎兽，这是一种违法的牟利。这一些时时闯入禁区的，在当时被目为盗贼，而他们这种耕地以外的生产，则称之为奸利。政府设官防止，有权征讨。待后防不胜防，讨不胜讨，索性把禁地即山林池泽也逐渐开放了。只在出入关隘，设一征收员，遇在禁区捕鱼伐木的，只就其所获，征收其所获几分之几的实物，这就在田租之外，另成一种赋税。这是关税商税之缘起。所以称之曰征者，原先是征伐禁止的，后来只以分享获得为妥协条件，而仍以征字目之。这一种转变，春秋末年，已在大大开始。土地狭或是人口密的国家，如郑、如晋、如齐，都有此现象，都有此措施。然直到秦汉统一政府出现，关于土地所有权的观念却依然承袭旧贯。他们认耕地为农民私有，而非耕地，即封建时代相传之禁地，则仍为公家所有。换言之，即成为王室所有。此因封建贵族都已消失，只剩皇帝一家，承袭旧来的封建传统，所以全国的山林池泽，照当时人观念，便全归皇室。再从这一所有权的观念影响到赋税制度，所以当时凡农田租入归诸大司农，充当政府公费；而山海池泽之税则属少府，专供皇帝私用。这一分别，若非从封建时代之井田制度以及其他土地所有权之分别转变说来，便不易明了。

现在再说，此一公私分税的制度，在开始时也颇合理。因耕地多，田赋是大宗，而山林池泽的商税只占少数。把大宗归国家，小数拨归皇室，这也并非皇帝私心自肥。但战国以下，盐铁之利逐渐膨大起来，社会经济情形变了，山海池泽之税逐步超过了全国的田租。这一转变，是开始定制时所不曾预料的。正如清代末年，并不知商埠对外通商关税之逐年增添，却把此事让给外国人去管，后来遂吃了大亏。清代如此，汉代亦复如是。商税渐渐地超过了田租，于是少府收入，反而胜过了大司农。汉武帝是一个雄才大略的皇帝，讨匈奴，通西域，军费浩繁，大司农的钱用完了，连他父亲（景帝），祖父（文帝）几辈子积蓄下来的财富都花光了。政府支出庞大，陷入窘地，这又怎样办呢？农民的田租，三十分之一的定额，制度定了，又不便轻易再变更，再增加。汉武帝就只有自己慷慨，把少府的经济拿出来，这等于是把皇室私款来捐献给政府。所以武帝同时也命令地方上有钱的人，最主要的如盐铁商人等，也能如他般大家自由乐捐。结果社会响应不佳，拥有大资产的，不理会政府之号召。汉武帝不禁要想：你们的钱究竟由哪里来的呢？岂不是都由我把山海池泽让给你们经营，你们才能煮盐冶铁，发财赚钱。现在我把少府收入都捐献给国家，而你们不响应，那么我只有把全国的山海池泽一切非耕地收还，由我让给政府来经营吧！这便是汉武帝时代有名的所谓盐铁政策。盐铁商是当时最大最易发财的两种商业。盐没有一人不吃的，铁也没有一家不用，而煮海成盐，开山出铁，这山与海的主权，却在皇帝手里。现在汉武帝再不让商人们擅自经营了，把其所有权收回，让政府派官吏去自己烧盐，自己冶铁，其利息收入则全部归给政府，于是盐铁就变成国营与官卖。这个制度，很像近代西方德国人所首先创始的所谓国家社会主义的政策。可是我们远在汉代已经发明了这样的制度，直到清代，小节上的变化虽然有，而大体上总还遵循这一政策，总还不离于近代之所谓国家社会主义的路线。这一制度，也不专限于盐铁两项。又如酒，这是消耗着人生日用必需的米麦来做成的一种奢侈享乐品，因此也归入官卖，不许民间自由酿造。这些制度的后面，自然必有其理论的根据。我们要讲中国的经济思想史，必须注意到历史上种种实际制度之措施。而讲中国经济制度，却又该注意此项制度之所由演变完成的一种历史真相。所以我讲汉武帝时代的盐铁政策，却远远从古代井田制度与山泽禁地之在法理上所有权之区分，直讲到少府与大司农的税收之分配于政府与皇室之由来，而由此再引申出盐铁官卖来。这并不专是一个思想与理论的问题，而实际上则有极占重要的历史传统之现实情况来决定。为了这一问题，在当时也争辩得很久，到汉昭帝时还有一番热烈的讨论，全国各地民众代表和政府的财政主管大臣在特别召集的会议席上往返辩论，互相诘难。有当时一位民众代表事后留下一份记录，就是有名的盐铁论。当然民间主张开放，政府主张国营。而当时实际上的利弊得失，则非熟究当时人的意见，是无法悬揣的。我们此刻要讨论历史制度，全该注意当时的历史传统与当时人的历史意见，作为主要之参考。不该把我们的时代意见来抹杀当时的历史意见，这才是正办呀！

我们概括上述汉代的经济政策，对工商业是近于主张如近人所谓的节制资本的一面，而在对农民田租方面，则也已做到了轻徭薄赋，但并未能平均地权。在汉武帝时，董仲舒曾主张限田政策，纵不能将全国田亩平均分派，也须有一最高限度，使每一地主不能超过若干亩之限制，惜乎连这个政策也并未能推行。于是王莽起来，就激起了一项大改革，把一切田亩尽归国有，称为皇田，重行分配。当时的意想，实在要恢复封建时代之井田制，而结果则引生一次大变乱。王莽失败了，从此中国历史上的土地制度也不再有彻底的改革了。

四、汉代兵役制度

汉代兵制是全国皆兵的。在西方，直到近代普鲁士王国在俾斯麦为相时历经了不得已的压迫才发明这样的制度的，而我们在汉代也就早已实行了。一个壮丁，到二十三岁才开始服兵役，这一规定也有其内在的意义。因为二十才始成丁，照理可以独立耕种。就农业经济言，无法多产，只有节用，所谓"三年耕，有一年之蓄"，照一般情形论，年年丰收，是绝对不会的。平均三年中总会有一个荒年。来一个荒年，储蓄就完了。倘使三年不荒的话，六年就该有二年之蓄，九年就该有三年之蓄。而农业社会，也绝对不会连熟到九年以上，也不会连荒到三年以上。一个壮丁，二十受田，可以独立谋生，但要他为国家服兵役，则应该顾及他的家庭负担。所以当时规定，从二十三岁起，照理他可以有一年储蓄来抽身为公家服役了。这一制度，不仅是一种经济的考虑，实在是一种道德的决定。我们看历史上一切制度，都该注意到每一制度之背后的当时人的观念和理论。政治是文化中重要一机构，决不会随随便便无端产生出某一制度的。在汉初，政府中人，本来大部由农村出身，他们知道民间疾苦，所以能订出这一法规。近代的中国人，往往蔑视自己以往的政治传统，又说中国没有成套的政治理论，没有大的政治思想家。当然在中国以往著作里，很少有专讲政治理论的书，也很少专以政治思想而成名的人物。这并不是中国人对政治无理论，无思想。只因中国读书人多半做了官，他们对政治上的理论和思想，早可在实际政治中表现了。用不着凭空著书，脱离现实，来完成他书本上的一套空理论。于是中国人的政治理论，早和现实政治融化合一了。否则为什么皇帝和宰相定要分权呢？为什么仕途必经察举和考试呢？为什么田租该力求减轻呢？为什么商业资本要加节制呢？为什么国民兵役要到二十三岁才开始呢？所以我们要研究中国以往的政治思想，便该注意以往的政治制度。中国决不是一个无制度的国家，而每一制度之后面，也必有其所以然的理论和思想，哪可轻轻用专制黑暗等字面来一笔抹杀呢？

汉代的国民兵役，又分几种。一种是到中央做"卫"兵，一种是到边郡做"戍"卒，一种是在原地方服兵"役"。每一国民都该轮到这三种，只有第三种，从二十岁便开始了。

汉代中央军队有两支：一称南军，一称北军。南军是皇宫的卫队，北军是首都的卫戍部队。当时南北军全部军队合共不到七万人。各地方壮丁轮流到中央做卫兵一年，当卫兵是极优待的，来回旅费由中央供给，初到和期满退役，皇帝备酒席款宴，平时穿的吃的，也不要卫兵们自己花钱。

当戍兵就不同了。一切费用，都要自己担负。论到戍兵的期限，却只有三天。这又是沿袭封建时代的旧习惯。封建时代国家规模小，方百里便算大国了。如是则由中央到边疆，最远也不过五十里。要到边疆戍守，只要半天路程。若在边三天，前后共不过五天就回来了。这在封建时代，戍边不是件苦事，随身带着五天干粮便够。秦始皇帝统一天下以后，似乎没注意到这问题，还叫老百姓戍边三天。由会稽（江苏），到渔阳（热河），在政府说来，还只要你服役三天，这是从来的旧传统。可是路途往返，就得半年以上，衣装粮草要自己带，多麻烦呢！天下一统了，国家体制变了，而秦始皇帝的戍边制度却没有改。或许政府事情忙，而且兵力统一了六国，得意忘形，没有注意到这些小节上，然而因此就引起社会大骚动。陈胜吴广的革命，便由此而起。近代中国人都好说中国二千年政治没有变，试问古今中外，哪有如此理？亦哪有如此事？就论戍边制度，一到汉代就变了。汉代戍边还只是三天，可是你可以不去，只要一天出一百个钱，三天三百钱，交给政府，便可免戍。有一百个人不去，应该是三百天的免戍费，由政府把来另雇一人肯去的，一去便要他服三百天的戍役。他也得了这一笔钱，不仅足够在边用度，并且还可留一点安家，这是一种变通办法。照理论，则人人该戍边三天，纵使宰相的儿子也不能免。汉代曾有一个宰相，真叫他儿子亲到边疆去，真当三天戍卒，这便成为历史上的佳话了。

汉郡长官有太守，有都尉，犹如中央有丞相又有太尉一般。太守是地方行政长官，都尉是地方军事首领。地方部队即由都尉管。凡属壮丁，每年秋天都要集合操演一次，这是一个大检阅，名为都试，为期一月。期满回乡。国家有事，临时召集，这是一种国民兵。各地方并就地理形势，分别训练各兵种，如车骑（骑兵和车兵）、楼船（水师与海军）、材官（步兵）之类。

中央有南北军，边疆有戍卒，地方上有国民兵，国家一旦有事，这三种军队都可以调用。

国民除了服兵役之外，还要服力役，这是春秋战国直至秦汉以下历代一向有的一个大问题，现在我们则变成历史事件来讲述了。力役是每个壮丁替国家做义务的劳工。好像现在要修飞机场，造公路，就召集民工一般。只古代是纯义务的。全国壮丁按册籍编定，每人每年一个月，替国家义务做工，这在汉代唤做更卒，更是更替轮番的意思。如是则一个农民，既要到中央当卫兵，又要到边疆当戍卒，还要在地方上服国民兵役。都试譬如我们开一个秋季运动大会，这还比较轻松，而每年一月的更役，却比较国民兵役吃力些。但若不去践更（上番），按当时规定，出两百个钱给政府，也可以代替。

除了上述三种兵役和一种力役外，每个国民还须纳人口税，连小孩子都有。说到这里，却有一严重的问题。当时政府并没有为民众安排一个生活的基础，全国土地并不是平均分配的，也没有设法使国民人人就业，而却要国民人人向国家尽职责。遇有不克尽此政府所规定的职责的，那便就是犯法了。犯法就得抓去，有的便因此充当官奴，强迫在各政府衙门里做苦工。于是有的人便宁愿出卖自己，做私人家的奴隶。当时规定，奴隶也须缴人口税，而且须加倍缴。但这是由养奴隶的主人家负担的，不干奴隶自身事。因此汉代的奴隶特别多。要是在后代，无业谋生，还可以做乞丐、做流氓，政府不会来管。但在汉代是不许可的。你要当义务兵，你要去修飞机场、公路，你要纳人口税，你的名字住址，都在政府册子上，不去就要出钱，出不起钱便是犯法。你做乞丐了，户口册上还是有你的名字，你还该向国家负责。于是只有把自己出卖给人家做奴隶。当时做奴隶，并不是出卖自由，只是出卖他对国家法规上一份应尽的职责。政府要禁止此风，便规定奴婢的人口税加倍征收。但有钱的养着大批奴隶，反可发大财。譬如入山烧炭、开矿之类，全需大批人工。出卖为奴，便如参加此发财集团。因此奴隶生活，反而胜过普通民户。这在《史记·货殖传》里讲得很详细。这是汉代的奴隶制度，和西方罗马帝国的农奴完全不同。罗马的农奴多半是战争得来的俘虏，汉代的奴隶是农民自己游离耕土，来参加大规模的工商新生产集合。如何可相提并论呢？

汉代除却规定的义务兵役外，民间还有义勇队，志愿从军的。国家有事，可以自由报名。这叫做良家子从军。那些都是比较富有的家庭，尤其是居家近边境的，平常在家练习骑马射箭，盼望国家有事，报名从军，打仗立功，可以做官封侯，这风气在边郡特别盛。像陇西李广一家便是一著例。

五、汉制得失检讨

让我们简要指出一些汉代制度之缺点。首先在经济方面，土地问题没有解决，形成兼并，富者田连阡陌，贫者无立锥之地，使政府的减轻租税政策，全失功效。至王莽把土地收归国有，此事又激起社会多数人的反对，结果失败了。但王莽的废止奴隶政策，却继续为东汉政府所承袭。东汉时代也屡有废奴的诏令，但只要社会经济情形不变，此项诏令是不会有实效的。其次说到军队制度，中国地大人众，虽说分区训练各别的兵种，但每年一个月的操练是不够的。中央南北卫，像是常备军，实际上，时期也只一年，数额也仅有七八万人。结果全国皆兵，并不够用。遇到打仗，各地调遣，如会稽吴楚，远赴渔阳上谷，也不方便。所以全国皆兵制，在中国论，一则军队数量太多，二则训练太简略，调动不方便，结果全国皆兵，弄得有名无实，一旦起了问题，还是解决不了。再次讲到政府组织，上面说过，皇权相权是分开的，皇室和政府也是分开的，这话固不错。但中国一向似乎看重的不成文法，往往遇到最大关节，反而没有严格明白的规定。这也可以说是长处，因为可以随宜应变，有伸缩余地。但也有坏处，碰着一个能干有雄心的皇帝，矜才使气，好大喜功，常常要侵夺宰相的职权。并不像现代的西方国家，皇帝私人，无论怎样好，宪法上规定他不能过问首相的事。汉武帝雄才大略，宰相便退处无权。外朝九卿，直接向内廷听受指令。这样一来，皇帝的私人秘书尚书的权就大了。汉武帝临死时，他的太子已先死，他要把帝位传给小儿子昭帝，他却先把昭帝的母亲处死。他知道小皇帝年幼，母后在内管事不好。但皇室总还需要人管理。以前皇室也得由宰相管，但汉武帝连宰相的事都由他管了，宰相哪里能预闻到宫内事。于是武帝临死，派一个霍光做大司马大将军辅政。这是皇宫里的代表人，霍光是皇家亲戚，有资格来代表皇家。但照理，宰相早就是皇宫里的代表人，他该就是副皇帝，现在皇帝不把宰相做皇室代表人，而在皇宫里另设一个大司马大将军来专帮皇帝的忙，如是就变成外面有宰相，内面有大司马大将军，皇宫和朝廷就易发生冲突。当时一称外廷，一称内朝。大司马大将军霍光辅政，他是内朝领袖，外廷则仍由宰相统治。后来昭帝死了，立昌邑王做皇帝，没有几天，又把他废了，另立汉宣帝。当废立时，霍光代表皇室，召集九卿开会。有人说：该请宰相参加。霍光说：这是皇帝家事，用不着丞相政府领袖参加，我们只议定请示皇太后就完了。霍光的一番话，初看好像也有他的理由。他把皇位继承当作皇室私事，皇室事不必要政府领袖来预闻。他不知道皇室之存在，由于有皇帝，而皇帝之存在，由于有政府。所以皇位继承是政府事，并非皇室事。这并不是我们用现代观念来强说历史，在当时历史情实早本如是。所以在高后四年，曾有一诏书，说皇帝疾久不已，不可属天下，命群臣公议替代的新皇帝。吕后尽专权横肆，但并没有说立皇帝不要问朝廷。霍光以后，元平元年，昭帝崩，也诏群臣议所立。可见皇帝世袭，是政府法理规定。若遇皇帝无嗣，及其他变化，仍该依照政府意见公议决定。但这也是一种不成文法，所以霍光得以上下其手。而且霍光纵说政府领袖不必预闻皇室事，而他仍要召集其他政府大僚来公议所立，可见霍光也是情有所怯，并不敢全违背当时习惯。再就另一点说，原先尚书只是皇帝的内廷秘书，而内廷诸职，又隶属于御史中丞，现在皇室又另有一个代表人，霍光以大司马大将军辅政名义来掌领皇帝的秘书处,他不让外面宰相知道皇室事,他却代表皇室来过问政府事,如是则皇室超越在政府之上,那岂不是要出大毛病?所以后来汉宣帝想把霍氏权柄削减,便恢复旧制,仍由御史中丞来管领尚书,如是便由御史中丞透过御史大夫,而达到宰相,内廷与外朝声气又通,大司马大将军便没有权重了。霍家也就垮台了。就此一节,可见汉代制度,在皇帝与宰相,皇室与政府之间,确是有一番斟酌的。虽没有硬性规定皇帝绝对不许预闻政治的一句话,这也并不是大失错。而且若要皇帝绝不预闻政府事,那宰相的任命便成问题。就当时历史情实,既不能有民选皇帝,也便一时不能有代表民意的国会来监督政府。这是历史条件所限,并非一两个皇帝私意要如此的。于是皇室与政府,皇帝与宰相之间,遂不免发生许多的微妙关系。汉武帝自己是雄才大略,他自己揽权,尚不甚要紧,他死了,他须替他后代小皇帝着想,于是来一位大司马大将军辅政,便出了问题了。汉宣帝以下,霍氏虽败,结果还是大司马大将军外戚辅政,还是内廷权重,外朝权轻,于是有王莽代汉而兴。王莽便是由大司马大将军而掌握大权的。到东汉光武帝,惩于前失,因怕大权旁落,自亲庶务,于是尚书地位日渐加重。而外朝的宰相,却分成三个部门。本来三公是宰相、太尉、御史大夫,而实际宰相是全国之首领。后来因有大司马大将军横插进来,所以又把此三公变成大司徒、大司马、大司空三职分别，一个公管领三个卿。在西汉时，本想把此改革来调和大司马与宰相之冲突的，然而这样一来，大司空完全变成外朝官，大司马却依然代表皇室。从前御史大夫管得到宫廷，现在大司空管不到宫廷。不仅丞相改大司徒是失职，御史大夫改大司空也是失职，权重依然在大司马手里。这还是皇家和政府权限划分不清之故。中国此下政府里的所谓御史台，便是循此趋势，由皇宫渐渐退回政府的。东汉初年，光武帝的私意，则索性把政权全操在自己手里，三公只是名位崇高而已，实权则在尚书。换言之，则是由皇帝来总其成。所以后代中国人批评汉光武有事无政，这是以往的历史意见。汉光武自身是一好皇帝，明帝，章帝都好，然而只是人事好，没有立下好制度。因此皇帝好，事情也做得好。皇帝坏了，而政治上并不曾有管束皇帝的制度，这是东汉政治制度上的一个大问题。也是将来中国政治制度史上一个大问题。

选举在汉代，也发生了问题。照汉代原来的制度，在汉武帝时，只叫地方长官每年要选举些孝子廉吏，这已经讲过了。但后来孝廉充斥仕途，别的进仕之路都为阻塞了，于是大家都争要当孝廉。本来所谓孝廉，一种是孝子，另一种是廉吏，后来规定每郡满二十万户口的只能举一个，如是则孝廉不分，仅成一个参政入仕的资格而已。后来又因请托舞弊，逼得朝廷于察举孝廉后再加上一番考试,如是则全失却原来察举孝廉之用意。但中国政权,却因此开放给全国各地了。从此以后,无论选举或考试,都是分区定额的。经济文化落后的地区和经济文化进步的地区,都一样照人口比例来考选。因此中央政府里,永远有全国各地域人民之参加,不致偏荣偏枯。因此中国政府,始终是代表着全国性的,全国人民都有跑进政府的希望。而且实际上,也是全国各地永远都有人跑进中央政府的。又汉制郡县长官,例须避用本郡本县人,如是则中央政府既是绝对的代表全国性的,而地方政府却又竭力避免其陷于地方性。这样才可使大一统的局面永远维持。而全国各地方声教相通,风气相移,却可使各地文化经济水准永远走向融和,走向平均,不致隔绝,不致分离。这一制度,自汉代起直至清代始终沿用。这是中国传统政治制度里一最应着眼之点。惟今所欲讨论者,则为汉代之选举制,是否合于近代所谓之民权思想。第一,汉代察举,其权在地方长官,不在地方民众。长官贤良的固须采访民间舆情,选拔真才。但长官营私舞弊的,却可不顾地方民意,推选私人。二则选举了送到中央,如何分发,则悉听中央命令。后来并于选来的人,又加以一番考试。这样则岂不是汉代的选举权实际便完全操之在上不在下吗?而且汉代选举,就大体言,最先必进学校读书,才获补吏。补吏以后,才获察举。这由教育而行政实习，由行政实习而选举，再由选举而考试，由考试而任用之几个阶段，骤看极合情理，切实施行，像不会出大毛病。然而依然有毛病存在。因古代社会，读书机会就不易得。第一是书本不易得，古代书籍都用竹帛书写，很少纸张，更无印刷。印刷术对人类文化传播与演进之大贡献，应该远胜于近代新发明之原子弹。这是世界人类一最伟大的发明，这项发明虽始于中国，但也要到唐宋才开始有印刷。古代书本必得传抄，一片竹简只能写二十来字。抄一本书，费就大了。帛是丝织品，其贵更可知。而且要抄一本书，必得不远千里寻师访求。因此读书求学，便有着绝大限制。但若你生来便在一个读书家庭中，那一切困难，便都易解决了。因此当时虽非封建社会，爵位不世袭，而书本却可世袭。虽不是世代簪缨，却是世代经学。世代经学，便可世代跑进政治圈子，便无异一封建传袭的贵族了。那时的政治制度，虽不许社会大贫大富，让工商业走上资本主义化。但学问与书本，却变成了一种变相的资本。所以说黄金满籝，不如遗子一经。这便是一本书的资本价值，胜过了一箩黄金的资本价值了。因此当时一个读书家庭，很容易变成一个做官家庭，而同时便是有钱有势的家庭。当时有所谓家世二千石的。只要家庭里有一人做到二千石的官，他当一郡太守，便可有权察举。他若连做了几郡的太守，他便是足迹遍天下，各地方经他察举的，便是他的门生故吏，将来在政治上得意，至少对他原来的举主，要报些私恩，若有人来到他的郡里做太守，必然也会察举他的后人。因此察举过人的子孙，便有易于被人察举之可能了。上面说过，汉代选举，是分郡限额的，每郡只有几个额，于是却永远落在几个家庭里。如是则每一郡必有几个像样的家庭，这便造成了将来之所谓世族门第，也便是世族门第必然带有郡望之来历了。当时的大门第，依然平均分配在全国各地，大概是每郡都有几家有声望的，我无以名之，名之曰门第的社会。这并非封建社会，也并非资本主义的社会，但一样有不平等。虽非封建贵族，而有书生贵族。虽非工商业资本，而有书籍资本。国家的政治制度，虽并没有对那些家庭许下世袭特权，但他们因有家庭凭借，无异于有世袭的特权了。中国魏晋以下门第社会之起因，最主要的自然要追溯到汉代之察举制度。但就汉代察举制度之原始用意言，实在不好算是一种坏制度。但日子久了，那制度就变坏了。这不止是汉代选举制度如是，我们可以说，古今中外一切制度，都必如是。否则一项好制度，若能永远好下去，便将使政治窒息，再不需后代人来努力政治了。惟其一切制度都不会永久好下去，才使我们在政治上要继续努力，永久改进。制度也只是历史事项中之一目，人类整部历史便没有百年不变的，哪能有一项制度经过一两百年还算得是好制度呢？

让我们再来看汉代的制度，他们将政府和皇室划分，将宰相和皇帝并列，这不好说全出帝王私心，也不能怪他们安排得未尽妥贴。当知任何一制度，也决不会尽善尽美，更无罅隙的。但至少他们懂得皇权之外有相权，至少已懂得皇室之外有政府了。再说到选举制度，至少他们已懂得政府用人该有一客观标准，不能全凭在上者之私心好恶。至少他们已懂得该项标准，不该是血统的亲疏，不该是势力的大小。亲的贵的强的富的，都不够此项标准，而采取一项以教育与知识与行政实习之成绩，来定取舍进退之标准，而又懂得平均分配到全国各地区，这也不能不说是在当时已算合理化，已算开明与进步的了。至于经济政策，一面主张轻徭薄赋，宽假平民，一面主张裁抑富厚，导致平等，这也不算得黑暗，不算得无理。至于此后的演变，无论在政府组织上，无论在选举制度上，无论在经济政策上，都曾发生了毛病。皇室和政府的关系，终究发生了冲突；选举制度，到底造成门阀新贵族；经济制度、兵役制度都没有弄好，都出毛病了。但我们不能因此一笔抹杀，说汉代并无制度，或说一切制度只是专制与黑暗，这是我们必该再三申说的。此下魏晋南北朝，始终没有像样的政府，因此也没有像样的制度产生，直要到唐代。但唐代已不是汉代的老样子，老制度，它又换了崭新的一套。直要待唐代的新制度又出了毛病，宋代又再换一套。此下明代，清代也如此。只因我们此刻不看重历史，不研究历史，所以说中国自秦以下两千年政治都是一样，都只是专制两字已可包括尽了，其实是不然的。

第二讲 唐代

一、唐代政府组织

甲、汉唐相权之比较

汉和唐,是历史上最能代表中国的两个朝代,上次讲了汉代制度,现在继续讲唐代。先讲唐代的政府:政府与皇室的划分,自汉以来即然。惟就王室论,皇位世袭法,永远无何大变动,只是朝代的更换,刘家换了李家,此等事并不重要。但就政府来说,其间变化则很大。政府中最重要者为"相权",因于相权的变动,一切制度也自随之变动。唐代政府和汉代之不同,若以现在话来说,汉宰相是采用领袖制的,而唐代宰相则采用委员制。换言之,汉代由宰相一人掌握全国行政大权,而唐代则把相权分别操掌于几个部门,由许多人来共同负责,凡事经各部门之会议而决定。汉朝只有一个宰相,但遇政府有大政事，亦常有大会议，这是皇帝宰相和其他廷臣的会议。唐代则把相权划分成几个机关，这几个机关便须常川会议，来决定政府一切最高政令。汉代宰相下有副宰相，御史大夫，我们也可说，宰相掌握的是行政权，御史大夫掌握的是监察权。唐代宰相共有三个衙门，当时称为三省：一中书省，二门下省，三尚书省。此三省职权会合，才等于一个汉朝的宰相，而监察权还并不在内。

中书省首长为中书令，门下省主管长官为侍中，尚书省长官为尚书令。唐分官阶为九品，第一二品官，均以处元老，不负实际行政责任。三品以下，始为实际负责官吏。中书令门下侍中及尚书令皆为三品官。若论此三省之来历，尚书本是皇宫内廷秘书，已在讲汉代制度时讲过。中书依官名论，也即是在内廷掌理文件之意。侍中则是在宫中奉侍皇帝。故就官职名义言，这三个官，原先本都是内廷官。而到唐代，则全由内廷官一变而为政府外朝的执政长官，和以前性质完全不同。其实宰和相，在春秋时代，也仅系封建贵族的家臣，但到秦汉则化私为公，变成了正式政府的执政官。此后宰相失职，却又有另一批皇帝内廷私臣变成了正式执政官的，便如唐代之三省。何谓失职？因宰相职权，本该领导政府，统治全国的，后来此项职权，被皇帝夺去了，皇帝把他们的私属像中书门下尚书之类来代行政府宰相的职权，这是东汉以后魏晋南北朝时代的事。现在到唐代，才又把以前宰相职权正式分配给三省。换言之，亦即是把以前皇室滥用之权重交还政府。

乙、唐代中央政府三省职权之分配

现在再说中书门下尚书三省职权之分配：中书主发令。政府一切最高命令，皆由中书省发出。此种最高命令，名义上是皇帝的诏书，在唐代叫做"敕"。凡属重要政事之最高命令，一定要皇帝下敕行之。但实际上皇帝自己却并不拟"敕"，而系中书省拟定，此所谓"定旨出命"。在中书省中除中书令为正长官外，设有副长官"中书侍郎"。中书侍郎之下，又有"中书舍人"，员额有七八人之多。中书舍人官位并不高，而他们却有拟撰诏敕之权。遇中书发布命令，多由他们拟撰。中国政治上的传统观念，对一意见之从违抉择，往往并不取决于多数，如西方所谓之民主精神。而中国人传统，则常求取决于贤人。春秋时即有"贤均从众"之说（见《左传》）。哪一人贤，就采纳哪一人的意见，假若双方均贤，则再来取决于多数。贤属质，众属量，中国传统重质不重量。中国人认为只要其人是贤者，就能够代表多数。不贤而仅凭数量，是无足轻重的。这一观念，反映在汉代的选举制度上，便极明显。所以国家的选举权，并不付托于社会一般民众，而径由地方长官行使之。照理，地方长官应该择贤而任。他既是一位贤长官，自能博采舆情，为国家选拔真才。这是理论。至于事实之不能全合于理论，则属另一问题。即如唐制，中书舍人拟稿，亦由诸舍人各自拟撰，是谓"五花判事"。然后再由中书令或中书侍郎就此许多初稿中选定一稿，或加补充修润，成为正式诏书，然后再呈送皇帝画一敕字。经画敕后，即成为皇帝的命令，然后行达门下省。所以唐代政府定旨出命之权，实操于中书省。皇帝只同意画敕而止。待门下省主管长官侍中及副长官侍郎接获此项诏书后，即加予复核，这是对此项命令之再审查。在门下省侍中侍郎之下，设有若干第三级官，谓之"给事中"。给事中官位并不高，但对皇帝诏书亦得参加意见。若门下省反对此项诏书，即将原诏书批注送还，称为"涂归"。意即将原诏书涂改后送还中书省重拟之意。涂归亦称"封驳""封还""驳还"等，其意义略相同。此项涂归封驳之权则属诸门下省。若以今日惯语说之，门下省所掌是一种副署权。每一命令，必须门下省副署，始得发生正式效能。如门下省不同意副署，中书命令便不得行下。诏敕自中书定旨门下复审手续完成后，即送尚书省执行。尚书省则仅有执行命令之权，而于决定命令则无权过问。

丙、中央最高机构政事堂

此种制度，亦有相当麻烦处。如中书省拟好命令送达门下省，如遇门下省反对，即予涂归封还，如是则此道命令等于白费，即皇帝之"画敕"亦等于无效。故唐制遇下诏敕，便先由门下省和中书省举行联席会议，会议场所称为"政事堂"。原先常在门下省举行，后来又改在中书省召开。会议时，中书门下两省长官及侍郎皆出席。若尚书省长官不出席政事堂会议，即事先不获预闻命令决夺。故唐人目光中，须中书门下始称真宰相。唐太宗在未登极前，曾做过尚书令，及太宗即位，朝臣无敢再当尚书令之职，因此尚书省长官尚书令常虚悬其缺。仅有两个副长官，即尚书左仆射及右仆射。尚书左右仆射若得兼衔，如"同中书门下平章事"，及"参知机务"等名，即得出席政事堂会议，获得真宰相之身份。最先尚书仆射都附此职衔，所以三省全是真宰相。但到开元以后，即尚书仆射不再附有出席政事堂之职衔了。如是则他们只有执行命令之权，而无发布命令及参与决定命令之权。他们职掌的，并非政府的最高职权，因此也不得认为真宰相。但唐制除三省长官外，也有其他较低级官员而得附参知机务或同三品平章事等职衔的，如是则此人亦得参与政事堂会议。此如现今内阁中之不管部大臣，行政院中之不管部的政务委员，虽非某一部的主管长官，而得出席政务会议，预闻国家大政决夺。此等人必是官位虽低而早负时望的，始得加此职衔。当时的尚书省，则略等于现在的行政院，而且是名实相符之行政院。因它只管行政，不管出命。政府的最高机构，则在政事堂。凡属皇帝命令，在敕字之下，须加盖"中书门下之印"，即须政事堂会议正式通过，然后再送尚书省执行。若未加盖"中书门下之印"，而由皇帝直接发出的命令，在当时是认为违法的，不能为下面各级机关所承认。故说"不经凤阁鸾台，何名为敕"（中书省武则天改称凤阁，门下省武则天改称鸾台），这仍是说一切皇帝诏命，必经中书门下两省。其实则皇帝的诏敕，根本由中书拟撰。

但中国传统政治，仍有一大漏洞。在唐代，也并无皇帝绝不该不经中书门下而径自颁下诏书之规定。这是中国传统政治制度下一种通融性。往往每一制度，都留有活动变通之余地，不肯死杀规定，斩绝断制。因此中国皇帝不致如英国皇帝般被逼上断头台，或限定他不得为种种活动。事实上唐代也确有不经中书门下而皇帝随便下命令的。不经凤阁鸾台何名为敕，此是刘祎之批评武则天的话，而刘祎之因此遭了杀身之祸。武则天以下的唐中宗，也便不经两省而径自封拜官职。但中宗究竟心怯，自己觉得难为情，故他装置诏敕的封袋，不敢照常式封发，而改用斜封。所书"敕"字，也不敢用朱笔，而改用墨笔。当时称为"斜封墨敕"。此即表示此项命令未经中书门下两省，而要请下行机关马虎承认之意。在当时便认为这是一件值得大书特书之事，因此在历史上传

第二讲 唐代

下。当时唐中宗私下所封之官,时人称为"斜封官",因其未经正式敕封手续而为一般人所看不起。举此一例,便知中国传统政治,本不全由皇帝专制,也不能说中国人绝无法制观念。但中国政治史上所规定下的一切法制,有时往往有不严格遵守的,此亦是事实。但严格说来,则此等事总属胡闹,不可为训。只因闹得不大,皇帝私下只封几个小官职,也不致有大影响。直到宋朝,太祖赵匡胤开国为帝时,建德二年,恰逢三个宰相相继去职,太祖欲派赵普为宰相,但皇帝诏敕一定要经宰相副署,此刻旧宰相既已全体去职,一时找不到副署人,该项敕旨,即无法行下。宋太祖乃召集群臣会商办法,当时有人献议说:"唐代皇帝曾有一次下敕未经宰相副署,此在甘露事变时,当时前宰相已死,皇帝临时封派宰相,即由尚书仆射参知政事者盖印,今可仿此方式办理。"同时即有人反对,谓"唐代甘露事变,虽曾用此方式,但为乱时变通权宜办法。今大宋升平,不应采此方式"。如是再四商讨,始决定由当时开封府尹副署盖印行下。当时宋都开封,开封府尹即等于国民政府建都南京时之南京市长,恰巧当时开封府尹是赵匡义,又系宋太祖的嫡亲胞弟,后来即为宋太宗;这才算完备了这一诏敕的法定手续。根据这一点看,中国过去的政治,不能说皇权相权绝不分别,一切全由皇帝专制。我们纵要说它是专制,也不能不认为还是一种比较合理的开明的专制。它也自有制度，自有法律，并不全由皇帝一人的意志来决定一切的。我们现在应该注意在它的一切较详密的制度上，却不必专在专制与民主的字眼上来争执。

再说回来，唐代中书门下省参加政事堂会议的，多时有至十几人，最少则只有两人，即中书令及门下侍中。开会时有一主席，称为"执笔"。讨论结果，由他综合记录，等于现在之书记长。此项主席轮流充任。有时一人轮十天，有时一人轮一天。大家的意见，不仅由他综合记录，而且最后文字决定之权亦在他。这是唐代宰相一职，在采用委员制中的首席来代替领袖制的一种运用与安排。

丁、尚书省与六部

国家一切最高政令，一经政事堂会议决定后，便送尚书省执行，尚书省是政府里最高最大的行政机构。尚书省共分六部，即吏部、户部、礼部、兵部、刑部、工部。此六部制度，自唐代以至清代末年，推行了一千多年，不过六部次序有时略有改动。唐开始时是吏礼兵民（户部）刑工，唐太宗时改为吏礼民（户）兵刑工，至宋朝初年次序是吏兵刑民（户）工礼，宋神宗时王安石变法，其次序为吏户礼兵刑工，这次序遂为以后所沿袭。吏部主管人事及任用之权，官吏必先经过考试，再由吏部分发任用。五品以上官，由宰相决定，但吏部可以提名。五品以下官，宰相不过问，全由吏部依法任用。户部掌管民政户口等事，礼部主管宗教教育事宜，兵部掌军事，刑部掌司法，工部主管建设，各有职掌。若以之比拟汉代之九卿，这不能不说是一大进步。汉代九卿如光禄勋，就官名本义论，等于是皇帝的门房，不脱宫廷私职的气味。唐代正名为吏部，掌理人事，名称恰当。又如汉代管军事的为"卫尉"，卫仍对宫廷言，唐代称为兵部，职名始正。太常卿就名义言，也偏在皇家私家的祭祀，唐代改为礼部，便确定为政务官了。我们只论汉唐两代官名之改革，便见中国政治史上政治意识之绝大进步。汉代九卿，就名义论，只是办理皇室内廷事的家务官，唐代始正式有六部尚书，显然成为管理国家政务的机构，不像汉代只似皇帝的侍从。此为中国政治史上一大进步，无论从体制讲，从观念讲，都大大进步了。

尚书省乃唐代中央政府组织最庞大的机构，其建筑亦相当宏大。总办公厅名为"都堂"，两旁为左右两厢，吏户礼三部在左，兵刑工三部在右。由左右仆射分领。每部分四司，六部共二十四司。每部之第一司即为本司，如吏部之第一司为吏部司是。其余各司各有名称。尚书省各部主管，上午在都堂集体办公，遇事易于洽商，下午各归本部分别办公。如有"参知机务"或"同平章事"衔者，可去政事堂出席最高政事会议。无此等衔者,则专在本省办公。唐代有名巨著《唐六典》一书,即因记载此尚书省中六部之组织,用人,职务分配等而名。此书对当时政府各部门各组织之各项职权及人事分配,均有详细规定。此书遂成为中国历史上行政法规之巨典,此后宋明清各代,均重视此宝贵法典,奉为圭臬。千余年来,国家推行政务,大体以此书为典范,无多变更。此后中央政府之变动,只在中书门下发命令的一部分,至于执行命令的尚书省六部制度,则从未有大变更。此《唐六典》一书,系唐玄宗时,大体依唐代现行法规而纂辑,可说是当时的具体事实与现行制度,与本之理想和希望者不同。中国历史上关于政治制度方面有两大名著,一为《周礼》,一即《唐六典》。前书为中国先秦时代人之乌托邦,纯系一种理想政府的组织之描写。亦可谓是一部理想的宪法。其最堪重视者,乃为政治理想之全部制度化,而没有丝毫理论的痕迹,只见为是具体而严密的客观记载。我们读此书,便可想见中国古代人之政治天才,尤其在不落于空谈玄想,而能把一切理论化成具体事实而排列开来之一层。所以《周礼》虽不是一部历史书,不能作为先秦时代的制度史大体上看,而实是一部理论思想的书,应为讲述先秦政治思想之重要材料。至于《唐六典》,则确已是唐代实际的行政法规,为唐代政府所真实遵循。虽富理想而已成事实。只由《周礼》而演进到《唐六典》，这一步骤，也可认为是中国政治历史上一极大的进步。但我们谈《唐六典》的，仍不应仅当它是一部历史书，为记载唐代现实制度的书，而应同时当它是一部理论和思想的书看。因唐代人对政治上的种种理论和思想，都已在此书中大部具体化制度化了。制度的背后，都应有理论和思想。一切制度，决不会凭空无端地产生。若我们忽略了中国以往现实的政治制度，而来空谈中国人以往的政治思想，也决无是处。

戊、唐代地方政府

以上讲的唐代中央政府，现在续讲地方政府。唐代中央政府的组织似较汉代进步了，但以地方政府论，则唐似不如汉。唐代已渐渐进到中央集权的地步，逐渐内重而外轻。中央大臣，比较汉朝要更像样些，但地方长官则较汉为差。中国历史上的地方行政，最像样的还该推汉代。唐代地方行政最低一级为县，和汉代一样。唐玄宗时，全国有一千五百七十三个县，比汉代多出两百多县。县级以上为"州"，唐之"州"与汉"郡"是平等的。州设刺史，在汉最先本为监察官，唐刺史则为地方高级行政首长。唐代有三百五十八州，较汉代郡数多两倍余。唐"县"分上中下三等，六千户以上为上县，六千户以下三千户以上为中县，三千户以下为下县。汉县仅分二级，万户以上为大县,其长官称令。万户以下为二级县,其长官称长。可见唐代的县比汉县为小。唐代的州也分上中下三级,十万户以上为上州,二万户以上为中州,二万户以下为下州。这较诸汉郡,相差更远。汉郡户口在百万以上的并不少,即此可见唐代地方长官,其职权比重,较之汉代差逊甚远。

其次是地方长官之掾属。在汉代由郡太守县令长自行辟署任用,唐代则任用之权集中于中央之吏部。州县长官无权任用部属,全由中央分发。任地方官者,因其本身地位低,不得不希望升迁,各怀五日京兆之心。政府亦只得以升迁来奖励地方官,于是把州县多分级次,由下到中,由中到上,升了几级,还如没有升。不像汉代官阶上下相隔不甚远,升转亦灵活。由县令升郡太守,便是二千石,和中央九卿地位相埒。汉制三年考绩一次,三考始定黜陟,因阶级少,升迁机会优越,故能各安于位,人事变动不大,而行政效率也因之提高。唐代则迁调虽速,下级的永远沉沦在下级,轻易不会升迁到上级去。于是在官品中渐分清浊,影响行政实际效力极大。

己、观察使与节度使

说到地方行政,便须附带述及监察制度。汉代丞相为政府最高首领,副丞相即御史大夫,主管监察。御史大夫职权,不仅监察中央及地方政府,同时并监察及皇宫之内,这已在汉制中说到。唐代设御史台,所谓三省六部一台,御史台成为一独立之机构,不属于三省。换言之,监察权是脱离相权而独立了。此即是唐代监察制度与汉代相异之点。唐中宗后,御史台分左右御史,左御史监察朝廷中央政府,右御史监察州县地方政府,此即所谓"分巡""分察"。监察中央的谓之"分察",监察地方的谓之"分巡"。中央方面最要者为监察尚书省内之六部,中书门下两省则不在监察之列。唐德宗时,尚书六部,吏礼兵工户刑每两部各设御史监察一人,谓之分察。分巡则分全国为十道,派去监察之御史,称为监察使,后改巡察按察诸称,最后称为观察使,意即观察地方行政。在汉制,刺史规定六条视察,大体范围,不得越出于六条之外。在唐代,名义上仍是巡察使,观察使,明明是中央官,派到各地区活动巡视观察,实际上则常川停驻地方,成为地方更高一级之长官。地方行政权掌握在手,其地位自较原置地方官为高。姑设一浅譬,如今制,教育部派督学到某几大学去视察,此督学之地位,自不比大学校长。彼之职务,仅在大学范围内,就指定项目加以视察而止。但唐代则不然。犹如教育部分派督学在外,停驻下来,而所有该地区之各大学校长,却都是受其指挥,他可以直接指挥各大学之内部行政,而各大学校长俯首听命。这一制度,无异是降低了各大学校长之地位。故唐代监察使，论其本源，是一御史官，而属于监察之职者。但逐渐演变成了地方长官之最高一级。把府县地方官压抑在下面。如是则地方行政，本来只有二级，而后来却变成三级。然其最高一级则名不正，言不顺，遂形成一种中央集权，对地方行政，极有流弊。假使此项监察使巡视边疆，在边防重地停驻下来，中央要他对地方事务随宜应付，临时得以全权支配，这即成为节度使。节是当时一种全权印信，受有此全权印信者，便可全权调度，故称节度使。节度使在其地域，可以指挥军事，管理财政，甚至该地区用人大权，亦在节度使之掌握，于是便形成为"藩镇"。而且唐代边疆节度使逐渐擢用武人，于是形成一种军人割据。本意在中央集权，而演变所极，却成为尾大不掉。东汉末年之州牧，即已如此，而唐代又蹈其覆辙。安史之乱，即由此产生。而安史乱后，此种割据局面，更形强大，牢固不拔。其先是想中央集权，由中央指派大吏到外面去，剥夺地方官职权。而结果反而由中央派去的全权大吏在剥夺地方职权之后，回头来反抗中央，最后终至把唐朝消灭了。这与后来清代的情形也相仿佛。清代地方最高长官本为布政使，就如现在的省主席。清代的总督巡抚，就名义论，应该如钦差大臣般，临时掌管军事的。但结果常川驻扎地方，其权力压在布政使上面，导致中央集权，地方无权。而到后此辈巡抚总督，却不受中央节制，中央也便解体了。这是中国政治史上内外政权分合一大条例。总之中国是一个广土众民的大国家，必须得统一，而实不宜于过分的中央集权。这在中国的政治课题上，是一道值得谨慎应付的大题目。现在专说唐代，似乎其中央行政比汉进步，而地方行政则不如汉。中央的监察官变成了地方行政官，这是一大缺点。而由军队首领来充地方行政首长，则更是大毛病。唐室之崩溃，也可说即崩溃在此一制度上。

二、唐代考试制度

甲、魏晋南北朝时代之九品中正制

上回我们曾讲过汉代的选举制，到唐代，此项制度，实际上已完全由考试制度来代替。说到考试两字之原始意义，考是指的考绩，试是指的试用。远在战国晚年，已有一大批中国古代的乌托邦主义者，在提倡选贤与能，在提倡考课与铨叙，其用意在规定一项政府用人之客观标准。汉代选举制度即由此提倡而来。唐代的科举，其实还是由汉代的选举制演变，而我们此刻则称之为考试制。

汉代是乡举里选之后，而再由中央加以一番考试的。其先是对策，对策只是征询意见而已。直要到东汉晚期，左雄为尚书，才始正式有考试。其时则考试只为选举制度中之一节目。迨至东汉末年，天下大乱，汉献帝逃亡，中央地方失却联系，一切制度全归紊乱，乡举里选的制度，自亦无从推行。于是朝廷用人没有了标准，尤其是武人在行伍中滥用人员，不依制度。曹操以陈群为尚书，掌吏部用人事，陈群始创设九品中正制。此制大体，就当时在中央任职，德名俱高者，由各州郡分别公推大中正一人。由大中正下再产生小中正。然后由中央分发一种人才调查表，此项表格中，把人才分成九品，上上上中上下，中上中中中下，下上下中下下。让各地大小中正，各就所知，把各地流亡在中央的人士，分别记入。不论其人已经做官或从未入仕，皆可入登记表。表内详载其年籍各项，分别品第，并加评语。所以主持这项工作的便称九品中正。这些表格，由小中正襄助大中正核定后呈送吏部，吏部便根据此种表册之等第和评语来斟酌任用，分别黜陟。这样一来，官吏之任命与升降，比较有一客观标准。而此项标准，则依然是依据各地方之群众舆论与公共意见，依然保留有汉代乡举里选之遗意。所由与近代西方民主选举制度不同者，仍然是一从众，一从贤。中国传统观念，总谓贤人可以代表群众舆论与公共意见。此是一理论。至于贤人而实不贤，中正而并不中正，则另是一事实。至少在曹魏初行此制时，总比以前漫无标准各自援用私人好得多。一时制度建立，吏治澄清，曹家的得天下，这制度也有关系的。

但究竟此制仅为一时的救弊措施。如同某药治某病，病愈即不宜再服。否则药以治病，亦以起病。迨及晋代统一天下，以迄于南北朝，对于陈群此制，都继续采用，不能加以更新，这样毛病就出了。首先是人人想获大中正品题提拔，便纷纷集中到大中正所在地的中央。全国人才集中到中央，这不是件好事。首先是地方无才，不仅地方行政要减低效率，而地方风俗文化，也不易上进。地方垮台了，中央哪能单独存在。所以中央集权不是件好事，而中央集才也不是件好事。这是第一点。再则中正评语，连做官人未做官人通体要评，而吏部凭此升黜，如是则官吏升降，其权操之中正，而不操于此本官之上司。这是把考课铨叙与选举混淆了。于是做官的也各务奔竞，袭取社会名誉，却不管自己本官职务与实际工作，而其上司也无法奈何他。在陈群时，为什么要大中正定由中央大官兼职呢？此因当时地方与中央已失却联系，故只就中央官来兼任大中正，好由他推选他的本乡人士之流亡在中央者备供中央之任用。但又为何中正簿上定要连做官人一并登记品评呢？因为如此做法，便可把当时已经滥用不称职的一批人澄清除去。这些都是陈群创设此制时之苦心。因此九品中正制就其为一时救弊起见，也不算是坏制度。但到后来，因施行的时间空间关系都不同了，而还是照样沿用，遂终于出了大毛病。

从此可知，政治制度是现实的，每一制度，必须针对现实，时时刻刻求其能变动适应。任何制度，断无二三十年而不变的，更无二三百年而不变的。但无论如何变，一项制度背后的本原精神所在，即此制度之用意的主要处则仍可不变。于是每一项制度，便可循其正常轨道而发展。此即是此一项制度之自然生长。制度须不断生长，又定须在现实环境现实要求下生长，制度决非凭空从某一种理论而产生，而系从现实中产生者。惟此种现实中所产生之此项制度，则亦必然有其一套理论与精神。理论是此制度之精神生命，现实是此制度之血液营养，二者缺一不可。即如唐代一切制度，也多半是由南北朝演变而来，有其历史渊源，亦有其传统精神。今天我们却把历史切断，一概想模仿外国制度，明明知道这一制度与现实不配合，却想推翻现实来迁就制度，而美其名曰革命。其实革命的本质，应该是推翻制度来迁就现实的，决非是推翻现实来迁就制度的。我们此刻，一面既否定了传统制度背后的一切理论根据，一面又忽略了现实环境里面的一切真实要求。所以我们此刻的理论，是蔑视现实的理论。而我们所想望的制度，也是不切现实的制度。若肯接受以往历史教训，这一风气是应该警惕排除的。在曹操当时，采行九品中正制而有效于一时，但以后此制度墨守不变，毛病丛出，后来人便只怪九品中正制不好，其实这也有些冤枉。

乙、唐代之科举

现在再说到每项制度之变，也该有一可变的限度，总不能惟心所欲地变。所贵的是要在变动中寻出它不变的本源，这便是所谓历史传统。传统愈久，应该此大本大原之可靠性愈大。换言之，即是其生命力益强。就中国以往政治论，宰相权给皇帝拿去一定坏，用人无客观标准，一定也要坏。九品中正制，本想替当时用人定出一客观标准，还是不失此项制度所应有的传统精神的。但后来却变成拥护门第，把觅取人才的标准，无形中限制在门第的小范围内，这便大错了。唐代针对此弊，改成自由竞选，所谓"怀牒自列"，即不需地方长官察举，更不需中央九品中正评定，把进仕之门扩大打开，经由各人各自到地方政府报名，参加中央之考试。这制度，大体说来，较以前是进步的。汉制规定商人不能做官，做官人亦不能经商，乡举里选系由地方政府察举呈报。现在自由报考之惟一限制，即报名者不得为商人或工人。因工商人是专为私家谋利的。现在所考试求取者则须专心为公家服务。此项报名之这一限制，在当时称为身家清白，自然并兼未经犯过国家法律在内。此外则地方官不再加以限制，即申送中央，由尚书礼部举行考试。考试及格，即为进士及第。进士及第便有做官资格了。至于实际分发任用，则须经过吏部之再考试，所考重于其人之仪表及口试，乃及行政公文等。

大抵礼部考的是才学，吏部考的是干练。又因礼部试有进士、明经诸科，故此制又称科举制。自唐至清，此制推行勿辍。即孙中山先生之五权宪法里，亦特别设有考试权。这一制度，在理论上，决不可非议，但后来仍然是毛病百出。然我们并不能因其出了毛病，而把此制度一笔抹杀。谓政府用人，何不用民主投票方式。其实西方近代的选举投票，亦何尝没有毛病。而且我们把现代通行的制度来作为批评千余年前的旧制度之一种根据，那是最不合情实的。在西方现行的所谓民主政治，只是行政领袖如大总统或内阁总理之类，由民众公选，此外一切用人便无标准。这亦何尝无毛病呢？所以西方在其选举政治领袖之外，还得参酌采用中国的考试制度来建立他们的所谓文官任用法。而在我们则考试便代替了选举。故唐代杜佑著《通典》，首论食货（即是财政与经济），次为选举。其实在汉为选举，在唐即为考试。可见在中国政治传统上，考试和选举是有同样的用意和同样的功能的。西方现行民主政治，乃系一种政党政治，政务官大体在同党中选用，事务官则不分党别，另经考试。此项官吏，可以不因政务官之更换而失去其服务之保障。在中国则一切用人，全凭考试和铨叙，都有一定的客观标准。即位高至宰相，也有一定的资历和限制，皇帝并不能随便用人做宰相。如是则变成重法不重人，皇帝也只能依照当时不成文法来选用。苟其勿自越出于此种习惯法之外，也就不必定要一一再咨询众意。这也不能说它完全无是处。如必谓中国科举制度是一种愚民政策，由一二皇帝的私意所造成，这更不合理。当知任何一种制度之建立，傥是仅由一二人之私意便能实现了，这便无制度可讲。若谓此乃皇帝欺骗民众，而且凭此欺骗，便能专制几百年，古今中外，绝无此理。若民众如此易欺易骗，我们也无理由再来提倡民主政治。凭事实讲，科举制度显然在开放政权，这始是科举制度之内在意义与精神生命。汉代的选举，是由封建贵族中开放政权的一条路。唐代的公开竞选，是由门第特殊阶级中开放政权的一条路。唐代开放的范围，较诸汉代更广大，更自由。所以就此点论，我们可以说唐代的政治又进步了。当时一般非门第中人，贫穷子弟，为要应考，往往借佛寺道院读书。如王播即是借读于和尚寺而以后做到宰相之一人，饭后钟的故事，至今传为佳话。但唐代的科举制度，实在亦有毛病。姑举一端言之，当时科举录取虽有名额，而报名投考则确无限制。于是因报考人之无限增加，而录取名额，亦不得不逐步放宽。而全国知识分子，终于求官者多，得官者少，政府无法安插，只有扩大政府的组织范围。唐代前后三百年，因政权之开放，参加考试者愈来愈多，于是政府中遂设有员外官，有候补官，所谓士十于官，求官者十于士，士无官，官乏禄，而吏扰人，这是政权开放中的大流弊。此项流弊，直到今日仍然存在。当知近代西方所谓的民主革命，乃由政权不开放而起。而中国则自唐以下，便已犯了政权开放之流毒。以水救水，以火救火，不仅是药不对病，而且会症上加症。若要解决中国社会之积弊，则当使知识分子不再集中到政治一途，便该奖励工商业，使聪明才智转趋此道。然结果又很易变成资本主义。在西方是先有了中产社会，先有了新兴工商资本，然后再来打开仕途，预闻政治。而中国则不然，可说自两汉以来，早已把政权开放给全国各地，不断奖励知识分子加入仕途，而同时又压抑工商资本。只鼓舞人为大学者，当大官，却不奖励人为大商人，发大财。节制资本，平均地权，大体上是中国历史上的传统政策。政治措施，存心在引导民间聪明才智，不许其为私家财力打算无限制地发展。于是知识分子竞求上政治舞台去做官，仕途充斥，造成了政治上之臃肿病。读书人成为政治脂肪。若再奖励他们来革命，来争夺政权，那岂得了？可见任何制度有利亦有弊，并不是我们的传统政治只是专制黑暗，无理性，无法度，却是一切合理性有法度的制度全都该不断改进，不断生长。

三、唐代经济制度

甲、唐代的租庸调制

现在再讲唐代的经济制度，主要的仍先讲田赋。唐代的田赋制度称为"租""庸""调"。租是配给人民以耕种的田地，年老仍缴还政府，在其受田时期，令其负担相当的租额。这是一种均田制度，承北魏而来。均田制所与古代的井田制不同者，井田乃分属于封建贵族，而均田则全属中央政府，即国家。均田是郡县制度下的井田，而井田则是封建制度下的均田。说到租额，则仅为四十税一，较之汉代三十取一，更为优减。"庸"即是役，乃人民对国家之义务劳役。唐制每人每年服役二十天，较之汉代每人每年服役三十天又减轻了。"调"是一种土产贡输，各地人民须以其各地土产贡献给中央，大体上只是征收丝织物和麻织物。在孟子书里即有粟米之征，布帛之征，力役之征三项目，租即是粟米之征，庸是力役之征，调是布帛之征。中国既是一个农业社会，人民经济，自然以仰赖土地为主。唐代租庸调制，最要用意，在为民制产，务使大家有田地，自可向国家完粮。耕种田地的自然是壮丁，便可抽出余暇，为国家义务服役。有丁有田，自然有家，农业社会里的家庭工业，最要的是织丝织麻，国家调收他一部分的赢余，也不为病。唐代租庸调制，大体比汉代定额更轻，说得上是一种轻徭薄赋的制度。而且租庸调项目分明，有田始有租，有身始有庸，有家始有调。此制的最高用意，在使有身者同时必有田有家，于是对政府征收此轻微的税额，将会觉得易于负担，不感痛苦。这是唐制较胜于汉制之所在。

乙、唐代账籍制度

然而这一制度，即从北魏均田制算起，时期维持得并不久，而且推行也并不彻底。因为北朝乃及初唐，全国各地，都有大门第豪族分布，而他们则依然是拥有大量土地的。即使是不彻底的均田制度，也并不能长久持续。推行了一时期，便完全破坏了。依照历史来讲，租庸调制之所以能推行，全要靠账籍之整顿。唐初的人口册是极完密的。自小孩出生，到他成丁，以至老死，都登载上。当时的户口册就叫籍，全国户口依照经济情况分列九等。此项户口册，同样须造三份，一本存县，一本送州，一本呈户部。政府的租调，全都以户籍为根据。账则是壮丁册子，在今年即预定明年课役的数目，这是庸的根据。唐制每岁一造账，三岁一造籍。壮丁册子一年重造一次，户籍册子则三年重造一次。一次称一比，因其可以用来和上期的簿账相比对。唐制，州县经常须保存五比，户部经常保存三比，如是则地方政府对户口壮丁变动，可以查对到十五年，户部可以查核到九年。这一工作相当麻烦。户口有异动，田亩有还受（丁年十八授田，六十为老还官），这样大的一个国家，普遍经常地调查登记改动校对，丝毫不能有疏忽与模糊。这须具有一种精神力量来维持，否则很不容易历久不衰。况且唐代很快便走上了太平治安富足强盛的光明时代，那时人不免感到小小漏洞是无关大体的。某一家的年老者已逾六十，他的名字没有销去，小孩子长大了，没有添列新丁。新授了田的，还是顶补旧人的名字。这些偷懒马虎是难免的。然而这些便是此后租庸调制失败的最大原因。恐怕并不要到达户口太多，田亩太少，田地不够分配，而租庸调制早得崩溃了。这是一种人事的松懈。至于地方豪强大门第从中舞弊，阻扰此项制度之进展，那更不用说了。即就账籍制度言，可见每一项制度之推行与继续，也必待有一种与之相当的道德意志与服务忠诚之贯注。否则徒法不能以自行，纵然法良意美，终是徒然。而且任何一制度，也必与其他制度发生交互影响。故凡一制度之成立，也决非此项制度可以单独成立的。再说此项制度，其用意颇有些近似现代所谓的计划经济。这要全国民众，每个家庭，每个壮丁都照顾到，计划到。在近代大规模地利用科学统计，交通方便，声息灵活，印刷术容易，尚且感到有困难。古代交通既不便，政府组织简单，纸张亦贵，书写不便，这些都是大问题。在这种情形下，户口登记逐渐错乱，此制即无法推行。迫不得已，才又改成两税制。唐代的租庸调制，可说结束了古代井田均田一脉相传的经济传统，而两税制则开浚了此后自由经济之先河。

丙、唐代的两税制

唐代的两税制，开始在唐德宗建中元年，为当时掌理财务大臣杨炎所策划。自此以来,直到今天,中国田赋,大体上,还是沿袭这制度。因其一年分夏秋两次收税,故称两税。此制与租庸调制之不同,最显著者,据唐时人说法,两税制是"户无主客,以见居为簿"的。这是说你从江苏搬到湖北,也如湖北人一般,不分你是主是客,只要今天住在这地方,就加入这地方的户口册。如是则人口流徙,较为自由了。又说"人无丁中,以贫富为差"。这是说你有多少田,政府便向你收多少租。如是则义务劳役等种种负担,也获解放了。这不能不说是此制之好处。然而政府不再授田,民间自由兼并,所以两税制一行,便把中国古代传统的井田、王田、均田、租庸调,这一贯的平均地权、还受田亩的做法打破。这样一解放,直到清代,都是容许田亩自由买卖,自由兼并。这一制度和古制相较,也有它的毛病。据当时一般意见说,租庸调制三个项目分得很清楚,现在归并在一起,虽说手续简单,但日久相沿,把原来化繁就简的来历忘了,遇到政府要用钱,要用劳役,又不免要增加新项目。而这些新项目,本来早就有的,只已并在两税中征收了,现在再把此项目加入,岂不等于加倍征收。这是税收项目不分明之弊。而更重要的,则在此一制度规定租额的一面。中国历史上的田赋制度,直从井田制到租庸调制,全国各地租额,由政府规定,向来是一律平均的。如汉制规定三十税一,唐制则相当于四十而税一，这在全国各地，一律平等，无不皆然。但两税制便把这一传统，即全国各地田租照同一规定数额征收的那一项精神废弃了。在旧制，先规定了田租定额，然后政府照额征收，再把此项收来的田租作为政府每年开支的财政来源，这可说是一种量入为出的制度。但两税制之规定田租额，则像是量出为入的。因当时杨炎定制，乃依照其定制的前一年，即唐代宗之大历十四年的田租收入为标准而规定以后各地的征收额的。如是一来，在政府的征收手续上，是简单省事得多了，可以避免每年调查统计垦田数和户口册等种种的麻烦，但相因而起的弊病却大了。因为如此一来，就变成了一种硬性规定，随地摊派，而不再有全国一致的租额和税率了。

让我举一个具体的实例来讲。据当时陆贽的奏议说：臣出使经行，历求利病，窃知渭南县长源乡，本有四百户，今才一百余户。阌乡县本有三千户，今才有一千户。其他州县，大约相似。访寻积弊，始自均摊逃户。凡十家之内，大半逃亡，亦须五家摊税。似投石井中，非到底不止。这因为两税制之创始，本因以前的账籍制度淆乱了，急切无从整理，才把政府实际收得的田租收入，以某一年为准而硬性规定下来，叫各地方政府即照此定额按年收租。若某一地以某种情况而户口减少了，垦地荒旷了，但政府则还是把硬性规定下来的征收额平均摊派到现有的垦地和家宅去征收。于是穷瘠地方，反而负担更重的租额，形成如陆贽所说，由五家来摊分十家的负担，这岂不凭空增加了他们一倍的租额吗？于是那地的穷者愈穷，只有继续逃亡，其势则非到一家两家来分摊这原来十家的负担不止，而此一家两家则终必因破产而绝灭了。

再换一方面推想，那些逃户迁到富乡，富乡的户口增添，垦地也多辟了。但那一乡的税额也已硬性规定下，于是分摊得比较更轻了。照此情形，势必形成全国各地的田租额轻重不等，大相悬殊，而随着使各地的经济情况，走上穷苦的更穷苦，富裕的愈富裕。这是唐代两税制度严重影响到此后中国各地经济升降到达一种极悬殊的情形之所在。虽说此后的两税制，曾不断有三年一定租额等诏令，但大体来说，自唐代两税制创始，中国全国各地，遂不再有田租额一律平等的现象，则是极显著的事实呀！

唐代两税制，规定不收米谷而改收货币，因此农民必得拿米粮卖出，换了钱来纳税。如是则商人可以上下其手，而农民损失很大。让我再举一实例。据当时的陆贽说：定税之数，皆计缗钱。纳税之时，多配绫绢。往者纳绢一匹，当钱三千二三百文，今者纳绢一匹，当钱一千五百文。往输其一，今过于二。又据四十年后的李翱说：建中元年，初定两税，至今四十年。当时绢一匹为钱四千，米一斗为钱两百，税户输十千者，为绢二匹半而足。今绢一匹，价不过八百，米一斗,不过五十。税户之输十千者,为绢十二匹。况又督其钱,使之贱卖耶?假今官杂虚估以受之,尚犹为绢八匹,比建中之初,为加三倍。这一项田租改征货币的手续,也从两税制起直沿续到现在。最主要的,则是政府为着财政收支以及征收手续之方便起见,而牺牲了历史上传统相沿的一项经济理想,即土地平均分配的理想。自两税制推行,政府便一任民间农田之自由转移,失却为民制产的精神。结果自然会引起土地兼并,贫富不平等,耕者不能有其田,而奖励了地主的剥削。

总之,这一制度之变更,是中国田赋制度上的最大变更,这是中国历史上经济制度土地制度古今之变的一个至大项目。两税制结束了历史上田赋制度之上半段,而以后也就只能沿着这个制度稍事修改,继续运用下去。这虽不能说是历史上之必然趋势,然而也实在有种种条件在引诱,在逼迫,而始形成此一大变动。中国历史上的经济与文化基础,一向安放在农村,并不安放在都市。先秦时代的封建贵族,唐以前的大家门第,到中唐以后逐渐又在变。变到既没有封建,又没有门第,而城市工商资本,在中国历史传统上,又始终不使它成为主要的文化命脉。一辈士大夫知识分子,还可退到农村做一小地主,而农村文化,也因此小数量的经济集中而获得其营养。若使中唐以后的社会,果仍厉行按丁授田的制度,那将逼使知识分子不得不游离农村，则此下的中国文化也会急遽变形。这一点，也足说明何以中唐以下之两税制度能一直推行到清末。

丁、汉唐经济财政之比较

现在再把汉唐两代的经济财政政策两两相比，又见有恰恰相反之势。汉代自武帝创行盐铁政策，这是节制资本，不让民间有过富，而在经济之上层加以一种限制。其下层贫穷的，政府却并未注意到。纵说汉代田租是很轻的，但农民并未得到好处，穷人还是很多，甚至于逼得出卖为奴。政府的轻徭薄赋，只为中间地主阶层占了便宜。唐代的经济政策，其主要用意，在不让民间有穷人。租庸调制的最要精神，不仅在于轻徭薄赋，尤其是侧重在为民制产。至于上层富的，政府并不管。在开始，商业尽自由，不收税。而每一穷人，政府都设法授田，使其可以享受水准以上的生活。简单说：好像汉代是在社会上层节制资本，而下层则没有力量管；唐代注意社会下层，由国家来计划分配，而让上层的富民能自由发展。这一情形，似乎唐代人更要高明些。他可以许你过富，却不让你过穷。这更有些近似现代英美的自由经济。汉代人似乎不大高明，他只注意不让你过富，而没有法子防止一般劳苦下层民众之陷入于过穷。不过这也仅是说汉唐两代关于经济政策之理想有不同，而亦仅限于初唐。待后租庸调制崩溃，改成两税制，茶盐各项也都一一收税，便和汉代差不多。至于汉代之盐铁政策，起于武帝征伐匈奴，向外用兵，而唐代租庸调制之破坏，以及茶盐诸税之兴起，也由于玄宗以下，先是向外开疆拓土，直到德宗时代，因向外用兵而引起军人作乱，内战频起，总之是由兵祸而引起了经济制度之变动，则汉唐并无二致。

四、唐代兵役制度

唐以前，中国兵役制度，遍及全民众，可说是一种兵农合一制。依照现代人讲法，这是一种社会经济与国防武装的紧密联系。唐代兵役制度改变了，可说是另一种的兵农合一制。我们不妨说，兵农合一可有两种方式：一是汉代的方式，一是唐代的方式。汉代的兵农合一，是寓兵于农，亦即是全农皆兵，把国防武装寄托于农民的生产集团，生产集团同时即是武装集团。唐代的兵农合一，则是寓农于兵，在武装集团里寄托生产，不是在生产集团里寄托武装。所以只能说是全兵皆农，而并非全农皆兵。把武装集团同时变成生产集团，每个军人都要他种田，却并不是要每个种田人都当兵。这一制度，从北周苏绰创始，唐代不过踵其成规。从历史上讲来，唐制似乎又要比汉制好一些。因为中国国家大，户口多，不需要全农皆兵。全农皆兵，反而变成有名无实，训练不精。只要全兵皆农，不使军人坐食饷粮，安逸无事，就够了。这种全兵皆农制，在当时称之为府兵。

为何叫府兵呢？上面讲过，当时的地方政府分两级，下一级是县，上一级是州，这都是管地方行政的。府兵之府，是在地方行政区域州县之外的另一种军事区域的名称。府是指的军队屯扎地。譬如在台北市，台北县这一地区里，另划一个军事区域，这区域就称为府。唐代都称之为折冲府。折冲府共分三等，上府一千二百人，中府一千人，下府八百人。这些军人又是怎样来历呢？当时户口本分九等，这都是根据各家财富产业而定。我们只由此一节，也便想见当时的政治规模，还是值得我们注意的。你想在一千多年前，全国户口就调查得很清楚，而且还要根据各家经济情况分成九个等第，那是何等细密的用意！据当时法令，下三等民户，是没有当兵资格的，只在上等中等之中，自己愿意当兵的，由政府挑选出来，给他正式当兵。当兵人家的租庸调都豁免了。这是国家对他们的优待。此外则更无饷给，一切随身武装，也须军人自办。这样的人家集合上一千二百家，便成一个府，府就等于现在的军区。若果某地是军事要地，便在那地方设立一个府，募招上中等人家壮丁籍为府兵。这种府的数目，有时多，有时少。大概唐代全国共有六百个到八百个府。若假定这八百个府都是中府的话，那唐代全国便有八十万军队，大概最少也有四十万。而这四十万乃至八十万的军队，并不要国家一文钱，一粒米来给养，因为他们自己有田有地。他们一面保卫国家，一面还自力生产。这八百个府的三分之一（将近三百个），分配在中央政府附近，即唐代人之所谓关内，即陕西函谷关以西长安四围之附近地区。其余三分之二，四百到六百个府，便分布在全国，而山西和其他边疆又比较多一些。其他地区又少一些，有一州只有一府的，或一州并无一府的。府兵也是到了二十岁才开始服役，每个府兵须到中央首都宿卫一年。此外都在本府，耕田为生，而于农隙操演。当宿卫的，叫做上番，番是更番之意，上番则正如汉人所谓践更。只汉人践更，是在地方服役，唐人上番，则向中央服役而已。府地距离中央五百里的，宿卫一次得五番，一千里的七番，一千五百里者八番，二千里十番，二千里以外十二番。照番数计算，五百里者往返两次，适抵二千里者往返一次。一千五百里者往返三次，适抵二千里以外者往返两次。计番数，可以轮番到中央，上宿平均劳逸。若遇国家有事，则全国各府均可抽调，并不与宿卫番数相干。这是说的兵队。至于军官呢？在中央直辖有十六个卫，每个卫，都有一个名称，各卫的都设有大将军。有事打仗，就由大将军统领出征。迨战事结束，兵归于府，将归于卫。军队回到本乡，在他府里有一个折冲都尉，是主平时训练的。所以唐代养兵，既不花一文钱，不费一粒米，而养将，也不使预问政事。除却战事外，也并不统带军队。武官立功，以勋名奖励。文官分品级，武官分勋阶。故武官又称勋官，勋官有爵号而无实职。立功以后，最高的在朝做大将军，多数还是回家种田。然而他获有勋爵，国家社会对他自有某种优待。有时是经济的，有时是名誉的。《木兰词》所谓策勋十二转，勋位也是一级一级升上的，这不是升官，而是升勋。武官有勋无职，因此并不干预政治，而自有其尊荣。唐代就根据这个府兵制度来统制全国，同时向外发展，变成当时全世界第一个强大的国家。

但后来府兵制度也失败了，怎样失败的呢？这也不是当时人不要此制度，而实由于人事之逐步颓废，而终致于不可收拾。第一，各地府兵都要到政府轮值宿卫，这些当宿卫的府兵，论其家庭经济，都是很殷实的，平素的生活也都过得好，这因穷苦家庭的子弟根本不准当兵的。在唐太宗时，这种士兵到中央宿卫，皇帝自己也时同他们在宫廷习射。政府看得起他们，他们也就自觉光荣。后来天下太平，每常几万人轮番到中央，没有事情做。皇帝当然也不再注意到他们了，于是今天某大臣要盖花园，明天某亲贵要造宅第，都向军队商量，借多少人手去帮忙。士兵变成了苦工，受人贱视。下次遇到上番值宿，便多逃亡规避。第二,在唐初,府兵出外打仗阵亡,军队立刻把名册呈报中央,中央政府也马上会下命令给地方,立刻由地方政府派人到死难士兵家里去慰问,送他勋爵,给他赏恤。阵亡军人的棺木还没运回,而政府一应抚恤褒奖工作都已办妥了。这等事关系极大,尤其在军队的精神上,有说不尽的鼓励。我们看现代西方国家,也在这样做。但中国唐代,早就这样做了。到后来,军队和政府,还是犯了一个松懈病,疏慢病。军队士卒死亡,不一定即速呈报到中央,中央又不一定分头转到地方政府,地方政府又不一定特为此事专派人去办抚恤慰问。那士兵的阵亡死讯,私下已经传到他家里,战事也结束了,军队也复员了,但死者家属,还不见政府派来人。死的似乎白死了,人心便这样地渐渐失去了。此外已经有了相当勋位的军人,正因为勋位仅仅是一种荣誉,并不与实职官员一般,换言之,他还是一个兵。而于是政府要员,有时还要派他去服力役,给差唤。因此勋位在身,不为荣而转为辱。倘使别人称呼你勋位如中尉、上校之类,已不是一种尊敬,而成了一种讥讽了。武官的勋名被人看不起,军人的地位也就堕落了。后来愈趋愈坏,政府刻意开边,开边需要防戍边疆的军队。本来府兵打完仗就复员,现在变成没有复员了,要你长期戍边。最初去戍边的,还可交替轮番,后来后方不上紧,第二批新的不送出去,第一批旧的要想复员也复不成。于是两年三年地继续，而这些兵本都是殷实之家的子弟，他们的衣服、马匹、兵器，都是自己置备制造随身携带去的。因为他们田地不要租，又不要向国家当差服役，所以有力量自备武装，长短肥瘦当然称身，刀枪轻重，也能配合他的体力，马的性格也懂得，他的生命要靠这些的，前途立功，也要靠这些，所以一切衣甲、兵器、马匹都很好，很讲究，很精良，这也是府兵之不可及处。而且那些府兵，仍恐国家薪饷不够用，随身还要带点零用钱。唐代用绢作币，大家携带绢匹，到了边疆，边疆的营官说：你们的绢匹该交给我，存放在储藏室，待需要用时再领取。于是故意叫士兵们做苦工，一天做八点钟的，要他们做十点钟，吃睡都不好，处处折磨他，希望他死了，可以把他存放的财物没收。这许多事，正史所不载，要在许多零碎文件中，才可看出。然而正因为这许多事，唐代的府兵制度就垮了台。即如杜工部诗："一从十五北防河，便至四十西营田，去时里正与裹头，归来头白还戍边。"这就是说军队没有复员，没有休息了。于是府兵怕到边疆，在本府先自逃亡。出外不返的，也都家破田荒，没有后代了。后方兵源枯竭，政府有钱有势，不在乎，临时买外国人当兵。边疆上逐渐都变成外国兵。安禄山、史思明，看他们名字是中国式的，而且是中国边疆大吏，寄付与国防重任的，实际上就都是外国人。打平安史之乱的李光弼,与郭子仪齐名,其实李光弼也是外国人。这是唐代一个特殊现象。这因唐代武功太大,四围都成中国的下属,唐太宗已被称为天可汗,这如称皇帝的皇帝。唐代实在太富太强了,他们忽忘了民族界线,他们不懂害怕外国人,不懂提防外国人,大量使用外国人当兵做将,结果才弄得不可收拾。于是唐代的府兵一变而成为藩镇,军阀割据,胡族临制。那真是惊天动地的大变迁,那何尝仅仅是一种政治制度的变动呢?所以我们要研究政治制度,也该放大眼光,不要单就制度来看制度才得呀!

五、唐代制度综述

现在再略一综述唐代的制度。论中央政府之组织,结束了上半段历史上的三公九卿制,而开创了下半段的尚书六部制。论选贤与能,结束了上半段的乡举里选制,而开创了下半段的科举考试制。论租税制度,结束了上半段的田租力役土贡分项征收制,而开创了下半段的单一税收制。论到军队,结束了上半段的普及兵役制,而开创了下半段的自由兵役制。综此几点,我们可以说:唐代是中国历史上在政治制度方面的一个最大的转捩中枢。唐以后中国的历史演变是好是坏,那是另外一回事,但罗马帝国亡了,以后就再没有罗马。唐室覆亡以后,依然有中国,有宋有明有现代，还是如唐代般，一样是中国。这是中国历史最有价值最堪研寻的一个大题目。这也便是唐代之伟大远超过罗马的所在，更是它远超过世界其他一切以往的伟大国家之所在。但专就中国史论，汉以后有唐，唐以后却再也没有像汉唐那样有声色，那样值得我们崇重欣羡的朝代或时期了，那也是值得我们警惕注意的。

第三讲 宋代

一、宋代政府组织

甲、宋代中央政府

在我们要讲的汉唐宋明清五个朝代里，宋是最贫最弱的一环。专从政治制度上看来，也是最没有建树的一环。此刻先讲宋代的中央政府，还是从相权讲起。论中国政治制度，秦汉是一个大变动。唐之于汉，也是一大变动。但宋之于唐，却不能说有什么大变动。一切因循承袭。有变动的，只是迫于时代，迫于外面一切形势，改头换面，添注涂改地在变。纵说它有变动，却不能说它有建立。宋之于唐，只好说像东汉之于西汉，有事而无政。有形势推迁，而无制度建立。

乙、相权之分割

宋代的相权，较唐代低落得多。宋代也有三省，实际上只有中书省在皇宫里，门下尚书两省都移在皇宫外面了，故亦只有中书省单独取旨，称政事堂。又和枢密院同称两府。枢密院是管军事的，本是晚唐五代传下的一个新机构，宋人不能纠正，把它沿袭下来，成为一重要官职。中书则为丞相，地位独重。门下尚书两省长官不再预闻政府之最高命令。然中书和枢密对立，也就是宰相管不着军事。

再论财政：宋代财政，掌握在三个司，司本是唐代尚书六部下面的官名。但唐代自安史乱后，往往因财政困难，而甚至有宰相自兼司职的。宋代又因其弊而不能革，却变成政府财权专落在司的手里。所谓三司——第一是户部司，第二是盐铁司，第三是度支司，度支即是管经济出纳的。在唐代，由宰相亲自兼领尚书的一个司，如盐铁，度支之类，为对财政问题直捷处理方便起见。此虽不可为训，究竟是由宰相来亲握财政大权，还可说得去。而宋代，则此三个司的地位提高了，独立起来掌握着全国的财政，这是极不合理的。所以王荆公为神宗相，想要变法推行新政，第一措施，便是设立制置三司条例司，把户部，盐铁，度支三个衙门，重新组织起来，统一到那个新衙门（即制置三司条例司）里。这一措施，在荆公是想把财政大权重新掌握到宰相手里，正如唐代之由宰相来兼领司职。司马温公对此极表反对，他说，财政该由三司管，三司失职，可以换人，不该让两府侵其事。这里却见到荆公温公对当时制度上之一种歧见。荆公之意，是想把财政大权仍隶属于宰相，这属制度问题，非人事问题，与当时三司长官之称职不称职不相干。荆公是要重新厘定三司权限，要把当时所谓中书治民枢密主兵三司理财的军民财政之职权三分重新绾合。温公则主一仍旧贯，只着眼在人事上，并非着眼在制度上。若就制度论，则军民财职权三分，到底是不合理想的。

再次说到用人：向来政府用人，本该隶属宰相职权之下。什么人该用，什么官该升，这是宰相下面尚书吏部的事，宋代却又另设一个考课院。考课就等于铨叙，后来改名审官院。又把审官院分东西两院，东院主文选，西院主武选。又别置三班院，来权衡一辈内廷供奉及殿直官。如此则用人之权，全不在宰相。这是宋初皇室在一种自卑感的私心下，蓄意要减夺中书宰相职权而添设的。如是则不仅宰相和唐制不同，就是尚书成为行政总机关的制度，也都破坏了。

丙、君权之侵揽

以上指述宋代军事，财政，用人三权都有掣肘，都分割了，这显见是相权之低落。相权低落之反面，即是君权提升。即以朝仪言，唐代群臣朝见，宰相得有座位，并赐茶。古所谓"三公坐而论道"，唐制还是如此。迨到宋代，宰相上朝，也一同站着不坐。这一类的转变,说来甚可慨惜。但历史演变,其间也不能尽归罪于一切是黑暗势力之作祟,或某某一二人之私心故意作造出。宋太祖在后周时,原是一个殿前都检点,恰似一个皇帝的侍卫长。他因缘机会,一夜之间就做了皇帝,而且像他这样黄袍加身做皇帝的,宋太祖也并不是第一个,到他已经是第四个了。几十年中间,军队要谁做皇帝,谁就得做。赵匡胤昨天还是一殿前都检点,今天是皇帝了,那是五代乱世最黑暗的表记。若把当时皇帝来比宰相,宰相却有做上一二十年的。相形之下,皇帝反而不像样。试看五代时,有哪几个皇帝获得像冯道般的客观地位与受人尊崇呢?然而皇帝到底该是一皇帝,他是一国之元首,皇帝太不像样了,其他一切官,会连带不像样。现在要拨乱返治,尊王是首先第一步。而且皇帝的体统尊严不如宰相,也易启皇帝与宰相之间的猜嫌。据说当时宰相为了避嫌起见,为了表示忠诚拥戴新皇帝起见,所以过自谦抑,逊让不坐,这样才把政府尊严皇帝尊严渐渐提起,渐渐恢复了。就事论事,这也该有可原。固然这也是当时大臣不知大体,又兼之以一种心理上的自卑感,才至于如此。若使在唐代,由门第传统出头的人来处此局面,他们决不会如此干。又像西汉初年一辈朴讷无文来自田间的人,也不会如此。那是晚唐五代进士轻薄传下的一辈小家样的读书人,才如此做。但他们当时的用心,终还是可原谅的。不过事情隔久了，这事情演变之本原意义忘失了，后人便只见得皇帝之尊严与宰相之卑微了。

其次讲到皇帝诏书，此乃政府最高命令。在唐代归宰相中书省拟定，此种拟稿叫做熟拟，亦称熟状拟定。熟状拟定是详拟定稿的意思。中书熟拟送呈皇帝，皇帝只亲览了在纸尾批几句，用皇帝御印可其奏，此谓之印画。经此手续后，便可降出奉行。此项手续，其实是宰相出旨，只求皇帝表示同意就算。用现代话说，皇帝在政府所下的一切最高命令有他的同意权。到宋初，宰相为避嫌，为推尊皇帝，为使皇帝的威望地位抬高，遇政府定旨出命，先写一剳子。这是一种意见的节要，对于某事提出几项意见，拟成几条办法，送由皇帝决定，所谓"面取进止"。然后宰相再照皇帝意见正式拟旨。所以宰相面取进止的诏文，仅是一种草案或条陈，而不再是定旨出命的定稿，这与唐代宰相之熟拟相差就很大。宋代的最高政令之最后决定权在皇帝，而不在宰相，至少皇帝就不仅有同意权，而有参加意见之权了。宰相不过是奉命行事，所以君权就重，相权就轻了。再说，政府的一切重要指示，本来也并不全要由皇帝诏敕行之的。在唐代，政事堂号令四方，其所下书曰堂帖，宋初还有此制，当时并谓堂帖势力重于敕命。但后来便有诏禁止，中书不得下堂帖，于是改用剳子指挥。其实剳子也还如堂帖。后来有一地方官，不服中书处分，把原劄封奏，太宗大怒，令公事须降敕处分，即用劄子，亦当奏裁。这不是宋代一切政令之决定权便全归了皇帝吗？但这一制度，到神宗时，还是废了，仍许用劄子。据此诸点，可证宋代宰相之失职。

然而我们也不能因此便联想到像我们现代所说的中国传统政治只是独裁与专制。宋初有一件故事，宋太祖时，遇某官出缺，他叫宰相赵普拟名。赵普拟后交给太祖，恰好这人是太祖平时最讨厌的，他愤然说："这人怎好用"，就把这名纸撕了，掷在地。赵普不作声，把地上废纸捡起来藏了。过一两天，太祖又要赵普拟，赵普早把前日捡起的破纸用浆糊黏贴了携带身边，即又把这纸送上。太祖诧问："如何还是此人"，赵普答道，据某意见，暂时更无别人合适。太祖也悟了，点头说："既如此，便照你意见用吧！"

我们讲到这一故事，还可想像赵普到底还有一些宰相大臣传统的风度。但实际上，赵普并不是一个道地读书人，只因宋太祖信赖他，同时也并无其他像样人物，他才做了宰相。在他做了宰相以后，太祖还时时告诫他，说你做了宰相，该抽空读书，所以他才读《论语》。后来人却说赵普以半部《论语》治天下，大概他读《论语》，也没有好好仔细读。然而赵普确已是宋代开国一好宰相，即就前讲故事便可见。这并不是赵普个人如何般杰出，这只是一个传统的历史习惯该如此，当如此，而赵普也如此了。那时相权虽低,我们仍该根据历史事实,不能单凭自己想像,骂中国传统政治全是帝王专制与独裁。而且宋王室家训相传,要尽量优假士人,不许开诛戮朝官之戒。而北宋诸帝,也比较无暴虐,无专擅。宋代制度之缺点,在散,在弱,不在专与暴。直到南宋宁宗时,已快亡国,皇帝时时下手条,当时称为御札,还激起朝臣愤慨,说事不出中书,是为乱政。可见宋代相权,还有它传统客观的地位。我们此刻只根据历史来说宋不如唐,所谓宋代宰相失职,一切仍是制度问题。并不是只有皇帝专制,更不要制度。

丁、谏垣与政府之水火

现在再讲到宋代的监察官:其先在汉代,监察权由副宰相御史大夫来行使。当时御史大夫的监察范围,外面是中央地方内外百官,内面是王室和宫廷,全属御史大夫监察权所及。御史中丞是一个副御史大夫,这是专门监察王室和宫廷的,也可说是监察皇帝的。另一御史丞,则监察政府,不论中央地方都在内。故就职权分配言,御史大夫是宰相的耳目或副手。宰相发命令,副宰相则帮他监察。那时宫廷和朝廷,既是一体受宰相之节制,自然监察权也要内及宫廷了。后来御史退出皇宫,单独成为御史台,其职权便只限于监察政府,而没有监察皇帝和宫廷的权。但政府官职中,还是有监察皇帝的,这叫做谏官。谏官也远自汉代便有，如谏议大夫之属，在汉属光禄勋。就其官职名义，便是专叫他追随皇帝，在皇帝近旁，专来谏诤和讽议皇帝的言行。光禄勋乃九卿之一，隶属于宰相，则谏议大夫当然是宰相的下属。及到唐代，此种谏官，都属于门下省，和前面讲过掌封驳的给事中同属一机关，如谏议大夫、拾遗、补阙之类都是。大诗人杜甫就做过拾遗。这些官，阶位并不高，亦无大权，但很受政府尊重。大抵是挑选年轻后进，有学问，有气节，而政治资历并不深的人充任。他们官虽小，却可向皇帝讲话。"拾遗"如东西掉了重新捡起，这是指皇帝遗忘了什么，他可以提醒他。"补阙"是指皇帝有了什么过失，要替他弥补。此外还有司谏、正言等，总之正名定义，他们都是专向皇帝谏诤过失的。唐制，皇帝朝见文武百官后，通常没有特殊事情，很快就散朝。散朝后，皇帝另和宰相从容讨论，这时候旁人不得参加，而门下省的谏官们独在例外，他们常得随从宰相参加列席。这因宰相有时有不便同皇帝直接讲的话，却可让这些小官口里讲。皇帝若生气，也无法直接对宰相。他们讲得对，固然好，讲错了，也无妨大体。因为他们的名义就是谏官，本来要他们开口讲话。他们人微言轻，阶位不高，讲差话也自可原。所谓言者无罪，听者足戒。有他们随从在宰相身旁，宰相可免同皇帝直接冲突，而宰相要讲的话，却由他们口里讲了，这是政治上的一种技术问题。这些技术，当然也由于一种理想之需要而生。所谓理想需要者，便是君权相权间之调节。这一关系如下：

皇帝用宰相，宰相用谏官，谏官的职责是专门谏诤皇帝的过失。这和御史大夫不同。御史大夫是监察政府百官的，谏官不监察政府，他只纠绳皇帝。如是，若把谏官也看作是监察官，则中国历史上之监察官，应分台谏两种。台是指的御史台。唐代的台官，虽说是天子的耳目，而唐代的谏官，则是宰相的唇舌。御史监察权在唐代已离相权而独立，但谏诤权则仍在宰相之手。这一制度，到宋代又变了。谏官本隶属于门下省，而宋代则谏垣独立，并无长官。换言之，这些谏官，现在是不直接属于宰相了。而且宋制，谏官不准由宰相任用，于是台官谏官同为须由皇帝亲擢了。本来谏官之设，用意在纠绳天子，并不是用来纠绳宰相，对皇帝才称谏，而且谏官也明明是宰相的属官。现在谏官脱离了门下省，就变成了秃头的，独立的，不隶属于宰相了。而又是由皇帝所亲擢，不得用宰相所荐举，于是谏官遂转成并不为纠绳天子，反来纠绳宰相。于是谏垣遂形成与政府对立之形势。谏官本是以言为职，无论什么事什么地方他都可以讲话，不讲话就是不尽职，讲错话转是不要紧。而且这些谏官阶位低，权柄小，只是些清望之官。本来就挑选年轻有学问有名望有识见有胆量能开口的才任为谏官。他们讲话讲错了，当然要免职，可是免了职，声望反更高，反而更有升迁的机会。所以宰相说东，他们便说西，宰相说西，他们又说东。总是不附和，总爱对政府表示异见。否则怎叫谏官，怎算尽职呢？这一来，却替政府设立了一个只发空论不负实责的反对机关。他们尽爱发表反对政府的言论，而且漫无统纪，只要是谏官，人人可以单独发表意见。政府却不能老不理他们的意见。这一风气，是从宋代始，这也算是清议。清议总是政府的对头。清议固然未必全不好，但政府总是有掣肘。谏官台官渐渐变成不分。台官监察的对象是政府，谏官诤议的对象还是政府，而把皇帝放在一旁，变成没人管。做宰相的既要对付皇帝，又要对付台谏，又如何得施展？

但上面所述，多半还是些人事，而非属于制度。若论制度，宋代大体都沿袭着唐旧。只因宋初太祖太宗不知大体，立意把相权拿归自己，换言之，这是小兵不放心大臣，这也罢了。他们种种措施，自始就不断有人反对。但因宋初承袭五代积弊，社会读书人少，学术中衰，反对的也只晓得唐制不如此而已，并未能通揽大局，来为有宋一代定制创法。后来皇帝读了书，懂得历史，懂得政治，社会读书人多了，学术中兴，直到仁英神三朝，才想把以前祖宗积弊，加以改革，但积势已成，急切反不过来。范仲淹失败在前，王安石失败在后。宋神宗一意信任王安石，要他来变法，然而谏官与宰相互相对垒，互相水火。而当时的谏官，又不像现代西方的所谓反对党。谏官是分散的，孤立的。他们的立场，好像是专在主持公议，并非为反对政府。在道义的立场上，比近代西方的反对党更有力。宰相不听他们的话，他们就求去，去了名更大。另一人上来，还是依照前一人的主张，继续反对。政府又不能不要这些官。这一制度，这一风气，实在是难对付，结果便只有宰相求去。王荆公新政失败，谏垣的不合作，自然是一原因。皇帝尽管信任宰相，也无法扭转这局面。连皇帝加上宰相，依然无办法，这是宋代制度特有的弱症。直要到后来，谏官锋芒太凶了，闹得太意气，太无聊了，社会乃及政府中人，都讨厌谏垣，不加重视，不予理会，于是谏官失势，然而权相奸臣又从此出头了。无制度的政府，哪能有好施为，哪能有好结果。

戊、宋代地方政府

宋代制度，一面是相权衰落，另一面则是中央集权。讲到中国的地方行政，只能说是汉代好，唐代比较还好，宋代就太差了。

宋代地方政府分三级。最高一级称路,相当于唐代之道。中一级是府、州、军、监,相当于唐代之州府。最低一级仍是县。最先分十五路,后来分成二十多路。自五代以来,地方行政长官全属军人。宋太祖杯酒释兵权,把各将官的兵权削了,武臣不再带兵,自然也不准再管地方民政。这些勋臣武官,也在长期混乱中厌倦了,觉悟了,不再争持。他们仅拥一官号,中央替他们在首都供给了大的宅第,丰厚的俸禄,叫他们安住下来。比如你是江苏督军,中央还是保留你江苏督军的名衔,但请你在中央住着。江苏省的事,另外派人去,派去的则是一位文臣。这就叫知某州事,知某府事。这些知州知府,本身另有官衔,都是中央官,带着一个知某州某府事的临时差遣。他的本职还是一中央官,而暂去管某州某府的事。严格说来,这些还是人事,非制度。但直到清代,知县知府却变成正式官名了,这实在是不合理的。若正名定义来讲,则宋代根本无地方官,只暂时派中央官员来兼管地方事,那在制度上岂不更不合理吗?在唐代,各道首长是观察使,照名义,观察史是由御史台派出去考察地方行政的,也并不是正式的地方行政长官。可是后来渐渐变成地方首长了。这在唐代已讲过。到宋代又变了。这些官,在宋代又称监司官,每一路共有四个监司官,普通称为帅、漕、宪、仓。"帅"是安抚使,掌一路兵工民事,领军旅禁令，赏罚肃清。"漕"是转运使，掌财赋，领登耗上供，经费储积。"宪"是提刑按察使，掌司法，领狱讼曲直，囚徒详复。"仓"是提举常平使，掌救恤，领常平义仓，水利敛散。这四个就等于都不是地方长官，而是中央派到地方来监临指挥地方的。在唐代的州县，只要奉承一个上司，即观察使，而宋代则要奉承四个上司，即帅、漕、宪、仓，那可想地方官之难做了。此四司中，以漕使，即转运使为最重要。地方财政，都在他手，他须把地方全部财富转运到中央去。在唐代，地方收入，一部分解中央，另一部分保留在地方。宋代则全部解中央，地方更无存储。平常就很艰苦，临时地方有事，更是不可想像。所谓宋代的中央集权，是军权集中，财权集中，而地方则日趋贫弱。至于用人集中，则在唐代早已实行了。惟其地方贫弱，所以金兵内侵，只中央首都（汴京）一失，全国瓦解，更难抵抗。唐代安史之乱，其军力并不比金人弱，唐两京俱失，可是州郡财富厚，每一城池，都存有几年的米，军装武器都有储积，所以到处可以各自为战，还是有办法。宋代则把财富兵力都集中到中央，不留一点在地方上，所以中央一失败，全国土崩瓦解，再也没办法。

二、宋代考试制度

宋代考试制度，大体也沿袭唐代，细节虽有出入，我们可以略去不讲。但宋代科举所获影响，却与唐代不同。第一是唐代门第势力正盛，在那时推行考试，应考的还是有许多是门第子弟。门第子弟在家庭中有家教熏染，并亦早懂得许多政治掌故，一旦从政，比较有办法。如是积渐到晚唐，大门第逐步堕落，应考的多数是寒窗苦读的穷书生。他们除却留心应考的科目，专心在文选诗赋，或是经籍记诵外，国家并未对他们有所谓教育。门第家训也没有了，政治传统更是茫然无知。于是进士轻薄，成为晚唐一句流行语。因循而至宋代，除却吕家韩家少数几个家庭外，门第传统全消失了。农村子弟，白屋书生，偏远的考童，骤然中式，进入仕途，对实际政治自不免生疏扞格，至于私人学养，也一切谈不上。

其次，唐代考试，有公卷通榜之制。所谓公卷，是由考生把平日诗文成绩，到中央时，遍送政府中能文章有学问的先进大僚阅看。此辈先进，看了考生平日作品，先为之揄扬品第，在未考以前，早已有许多知名之士，获得了客观的地位。通榜是考后出榜，即据社会及政府先辈舆论，来拔取知名之士，却不专凭考试之一日短长。甚至主考官谦逊，因其不了解这一次考场中的学术公评，不自定榜，而倩人代定榜次，并有倩及应考人代定，而应考人又自定为榜首状元的。但此等事在当时反成佳话，不算舞弊。本来考试是为国家选拔真才，明白得此项制度之主要精神与本原意义，又何必在细节上一一计较。但有些人便要借此制度之宽大处作弊，于是政府不免为要防弊而把制度严密化。这是一切制度皆然的。但制度逐步严密化，有时反而失却本义，而专在防弊上着想。宋代考试制度，是远比唐代严格了，那时则有糊名之制，所凭则真是考试成绩。其实考试成绩，只是一日之短长，故有主考官存心要录取他平日最得意的门生从学，而因是糊名，寻觅不出该人之卷，而该人终于落第的。如是则考试防制严了，有时反得不到真才。

又唐代考试在礼部，分发任用在吏部。礼部及第，未必即获任用，因而仍多经各衙门长官辟署，在幕府做僚吏，而借此对政事却先有了一番实习。宋代则因经历五代长期黑暗，人不悦学，朝廷刻意奖励文学，重视科举，只要及第即得美仕，因此反而没有如唐代般还能保留得两汉以来一些切实历练之遗风美意。这些都是宋代考试制度之缺点。总之考试制度在宋代是更重要了，更严密了，但并非更有真效。但因政府积年提倡，社会学术空气又复活了。于是有许多人出来想把此制度改革。第一是想把学校教育来代替考试，这是最关重要的。考试只能选拔人才，却未能培养人才。在两汉有太学，在唐代有门第，这些都是培养人才的。社会培养出人才，政府考试始有选择。宋人颇想积极兴办教育，这是不错的。但此非咄嗟可望。第二是想把考试内容改变，不考诗赋，改考经义。这一层用意亦甚是。人人学诗赋，风花雪月，用此标准来为政府物色人才，终不是妥当办法。但改革后却所得不偿所失，考经义反而不如考诗赋。王荆公因此叹息，说本欲变学究为秀才，不料转变秀才为学究。这里面利弊得失之所以然，此刻不拟详说了。由于上述，可见每一制度也必待其他情况之配合。若其他情况变了，此项制度之功效及性能亦将随之而变。惟无论如何，考试制度，是中国政治制度中一项比较重要的制度，又且由唐迄清绵历了一千年以上的长时期。中间递有改革，递有演变，积聚了不知多少人的聪明智力，在历史进程中逐步发展，这决不是偶然的。直到晚清，西方人还知采用此制度来弥缝他们政党选举制之偏陷，而我们却对以往考试制度在历史上有过千年以上根柢的，一口气吐弃了，不再重视，抑且不再留丝毫顾惜之余地。那真是一件可诧怪的事。幸而孙中山先生，重新还把此制度提出，列为五权之一，真如宝器抛掷泥土，重新捡起。但我们对此制度在历史上千年来之长期演变，依然多不加意研究。好像中国历史上的考试制度，依然还只是我们独有的黑暗专制政治下面的一种愚民政策。今天再来推行考试制，是另外一会事，总像不愿与历史传统下的考试制度发生关系般。这实在是我们的一种成见，非真理。惜乎我们这一番讲演，对此制度也不能再单独地详说了。

三、宋代赋税制度

宋代赋税制度，大体也是由唐代两税制沿下，我们不再详讲。只讲一点较重要的。本来两税制度，把一切赋税项目，都归并了，成为单一的两税。租庸调是三个项目分列的，对田地有租，对丁役有庸，对户籍有调。让我们眼前浅显举例，譬如台湾征入农田米谷这是租。要台湾民众义务服役，修机场道路水利工程之类这是庸。糖是台湾土产，政府要台湾一地贡献多少糖，由民间摊派，按家分出，这是调。两税法则把这三项全并入了田租，因此田租额增高了。政府收取田租之后，如要修机场筑道路，应由政府出钱自雇工役。如政府需要糖或其他物品，也应由政府出钱自买。政府向民间收税，则全归入一个项目下。这样过了多少年以后，这办法便出了毛病。晚唐时代军事时起，军队到了一地方，依旧要民众帮忙如修路之类，又要征发地方特产，如台湾出糖，别处军队到台湾来，便不想自己买糖，却向民间要。他们认为这些是向来如此，他们却忘了原来这些庸与调早已包括划并在两税里，把民间田租加重了，现在又要地方出劳役，出土贡，那岂不是民众又增加了负担吗？这一种可能的流弊，在唐代改行两税制时，早有人说到，因当时单图税收便利，信不及，到后来却逐步实现了。更重要的还有一点。在汉代,中国本有地方自治组织,其首领称三老,三老之下有啬夫游徼。三老是掌教化的,啬夫主收田租,游徼管警察盗贼。他们都代表地方,协助政府。这一制度,到隋唐便没有了,变成有名无实。到了五代时候,军队每到一地方,要地方出力役,出贡调,那些本来早不在国家规定的制度里,于是临时就得找地方领袖,向他们要房子,要稻草,要马料,要用具,要壮丁,要给养。这明知道不好办,但也得勉强办。军队常川来往,这些地方领袖,就变成专是对上办差。地方行政官却感到有此一种人,又省事、又易督责,于是即使地方上没有这样人,也硬要举出一个两个来。军队像水一样地流,到了某地就要派差,所以办差的办上三五年,家私就垮了。一个垮了,再找另一个。以后即使没有军队需索,地方长官也依然沿着旧习,仍要地方照常办差,这样就变成地方又多了一笔负担。而更坏的是使地方上没有一个能兴旺的家,兴旺了,派差便轮到他。这是宋代之所谓差役法。宋代之差役,也如秦代之戍边,都是由前面历史沿袭下来,政府没有仔细注意,而遂为社会之大害。王荆公变法,始订出免役钱的办法来。由政府规定,叫地方出钱,每家摊派,如此可免地方上私家为政府办公差破产之苦。但这件事引起了很大的争论,因为要民众摊出免役钱,岂不又要增重民众的负担?但王荆公的主张,认为政府既不免要向地方需索，与其择肥而噬，使一家一家排着次第破产，不如平均摊派，为害转轻。以后司马温公做宰相，他对荆公新法，一切反对，因要恢复差役。其时荆公已退休在南京，听得此消息，他说："这件事还能反对吗？"可见荆公对此制度之改革是确有自信的。苏东坡原来也反对免役法，但后来对司马温公主张复役又反对了。温公力主执行，东坡对他说："从前我们反对王安石不许人有异议，为什么你执政了，又不许别人有异议呢？"但温公终于不听，旁边跑出来一个蔡京，他挺胸力保说我三个月可以把差役法办成，结果终于给他办成了。但是后来驱逐温公旧党重行新办法时，即是这个蔡京。现在大家都知道蔡京是个坏人了，在当时连司马温公也认他是好人。我们专凭此一制度之变动与争执，可见要评定一制度之是非得失利害分量，在当时是并不容易的。而人物之贤奸则更难辨。但蔡京害了温公尚浅，他害了荆公却深。因他后来主张新法，把宋朝弄坏了，后世遂连荆公都骂作小人，岂不是蔡京连累了王荆公遭受此不白之冤？但王荆公的免役法，则直到清代，直到今天，中国社会便一向不再有力役了。然而正因为没有役，人口就不要详密计算。中国政府的户口册子，宋代有，明代有，清代开始有，后来逐渐没有了。即便宋明两代，也不觉重要，因而不甚可靠了。王荆公的免役法，还得人人出钱免役，明代有一条鞭法，又把丁税归到田租里，便不看重人丁了。到清代中叶以后，有地丁摊粮永不增赋之令，于是便不要丁册了。然而这样一来，变成只有土地与政府发生了直接关系，人口与政府却像没有直接关系了。一个国民，只要没有田地，不应科举考试，不犯政府法令，甚至他终身可以与国家不发生丝毫直接关系，这又岂是中国政治上历来重看轻徭薄赋制的理想者所预期而衷心赞成的呢？

四、宋代兵役制度与国防弱点

宋代军队分两种，一称禁军，一称厢军。宋代兵制算是中国历史上最坏的兵制了，然而也有其因缘来历，我们仍不能过分来责备宋人。在唐末五代时，藩镇骄横，兵乱频仍，当时社会几乎大家都当兵，读书人像要没有了。开头军队还像样，以后都变成了老弱残兵。军队不能上阵打仗，便把来像罪犯般当劳役用。其时凡当兵的，都要面上刺花字，称为配军，防他逃跑。如《水浒传》里的宋江武松一类人，脸上刺了字，送到某地方军营中当兵做苦工，人家骂他贼配军。这事远从五代起，直到宋朝，没有能彻底改。这样的军队，当然没有用。其实这些军队，在汉是更役，在唐则是庸。而宋代之所谓役，在汉代却是地方自治之代表。此种转变，极不合理。只因积重难返，宋太祖也只能在这种军队中挑选一批精壮的，另外编队，就叫禁军。禁军的挑选，身长体重都有规定，起先用一个活的兵样，后来用木头做成一人样子，送到各地方各队伍，合这标准的，就送中央当禁军。因此禁军比较像样。不合这标准的，留在地方做厢军。厢是城厢之义，厢军是指驻在各地方城厢的。这些兵，并不要他们上阵打仗，只在地方当杂差。地方政府有什么力役，就叫他们做。照理，宋代开国第一件该做的事，便是裁兵复员，而宋代却只照上面所说的这样裁，至于复员则始终复不了。这也因宋代得天下，并未能真个统一了全国，他们的大敌辽国，已经先宋立国有了五十多年的历史。所谓燕云十六州，早被石敬瑭割赠辽人。当时察哈尔、热河、辽宁乃及山西、河北的一部分疆土，都在辽人手里。北方藩篱尽撤，而宋代又建都开封，开封是一片平地，豁露在黄河边。太行山以东尽是个大平原，骑兵从北南下，三几天就可到黄河边。一渡黄河，即达开封城门下。所以宋代立国是没有国防的。倘使能建都洛阳，敌人从北平下来，渡了河，由现在的陇海线向西，还须越过郑州一带所谓京索之山，勉强还有险可守。若从山西边塞南下，五台山雁门关是那里的内险，可算得第二道国防线。要一气冲到黄河边，还不容易。所以建都洛阳还比较好。若能恢复汉唐规模，更向西建都西安，那当然更好。但宋太祖为何不建都洛阳西安，而偏要建都开封呢？这也有他的苦衷。因为当时国防线早经残破，燕云失地未复，他不得不养兵。养兵要粮食，而当时的军粮，也已经要全靠长江流域给养。古代所谓大河中原地带，早在唐末五代残破不堪，经济全赖南方支持。由扬州往北有一条运河，这不是元以后的运河，而是从扬州往北沿今陇海线西达开封的，这是隋炀帝以来的所谓通济渠。米粮到了开封，若要再往洛阳运，那时汴渠已坏。若靠陆路运输，更艰难，要浪费许多人力物力。宋代开国，承接五代一般长期混乱黑暗残破的局面，没有力量把军粮再运洛阳去；长安一片荒凉，更不用提。为要节省一点粮运费用，所以迁就建都在开封。宋太祖当时也讲过，将来国家太平，国都还是要西迁的。

在当时本有两个国策，一是先打黄河北岸，把北汉及辽打平了，长江流域就可不打自下。这个政策是积极进取的，不过也很危险。假使打了败仗，连退路都没有。一个是先平长江流域，统一了南方，再打北方，这个政策比较持重稳健。宋太祖采了第二策，先平南方，却留着艰难的事给后人做。所以宋太祖临死，听他母亲话，传位他弟弟赵匡义，这是宋太宗。太宗即位，曾两次对辽亲征，但都打了败仗。一次是在今北平西直门外直去西山颐和园的那条高粱河边上交战，这一仗打败，他自己中了箭，回来因创死了。在历史上，这种事是隐讳不讲的。只因宋代开国形势如此,以后就不能裁兵,不能复员,而同时也不敢和辽国再打仗。因为要打就只能胜,不能败。败了一退就到黄河边,国本就动摇。在这种情形下,宋代就变成养兵而不能打仗,明知不能打仗而又不得不养兵。更奇怪的,养了兵又不看重他们,却来竭力提倡文治。这也未可厚非,宋代究因刻意提倡文治,才把晚唐五代一段中国历史的逆流扭转过来了。在宋人只想把这些兵队来抵御外患,一面提倡文治,重文轻武,好渐渐裁抑军人跋扈,不再蹈唐末五代覆辙。因此上养兵而愈不得兵之用,以后就愈养愈多。《水浒传》说林冲是八十三万禁军教头,实际上太祖开国时只有二十万军队,太宗时有六十六万,到仁宗时已经有了一百二十五万。所以王荆公变法行新政,便要着手裁兵。裁兵的步骤,是想恢复古代民兵制度,来代替当时的佣兵。但民兵制度,急切未易推行到全国,遂有所谓保甲制,先在黄河流域一带试行。保甲就是把农民就地训练,希望临时需要,可以编成军队,而又可免出养兵之费。

论到募兵制,本来也非全要不得。在某种地方某种情形下,募兵也很有用。但须有一确定的敌人做目标,而且非打不可,在几年内,定要把敌人解决。在这种情形下,募兵可以刻意训练,及锋而试,或许比全国皆兵制还好些。东晋的北府兵便是募兵,也曾建了奇功。但宋代的国防精神是防御性的,不敢主动攻击,用意始终在防守。把募兵制度与长期的防守政策相配合,这却差误了。一个士兵募了来,轻易不脱行伍,直养到六十岁,还在军队里,其间只有二十岁到三十岁这十年可用。三十岁到六十岁这三十年,他已老了。而且在军伍十年,精神也疲了。这样的军队,有名无实,于是只有再招新的。因此军队愈养愈多,纪律又不好。队伍多了,虽不易捍御外侮,却很能引起内乱。宋人最怕唐末五代以来的骄兵悍卒,但宋代依然是兵骄卒悍。国家不能不给他们待遇,而且须时时加优,否则就要叛变。政府无奈何,加意崇奖文人,把文官地位提高,武官地位抑低。节度使闲着没事做,困住在京城,每年冬天送几百斤薪炭,如是种种,把他们养着就算。养了武的又要养文的,文官数目也就逐渐增多,待遇亦逐渐提高。弄得一方面是冗兵,一方面是冗吏,国家负担一年重过一年,弱了转贫,贫了更转弱,宋代政府再也扭不转这形势来。

在宋太祖时,因防兵卒骄惰,又规定禁军分番戍守之制。地方兵厢军是摆着无用的,各边防守,全须派中央禁军去。但亦不让其久戍,譬如今年戍河北的,隔一年调中央,又隔些时再调到山西。这又与汉唐戍兵退役不同。宋代是没有退役的,不在边防,即在中央,仍是在行伍中。如是则一番调防,在军人只感是一番劳动,因此又要多送他们钱。因此宋代虽连年不打仗,而经费上则等于年年动员,年年打仗。军队老是在路上跑，并且又把将官和军队分开了，军队一批批调防，将官还是在那里不动。如是则兵不习将，将不习兵。这也是怕军人拥兵自重。然而缓急之际，兵将不相习，也难运用。所以整个宋代，都是不得不用兵，而又看不起兵，如何叫武人立功？宋代武将最有名的如狄青，因其是行伍出身，所以得军心，受一般兵卒之崇拜，但朝廷又提防他要做宋太祖第二，又要黄袍加身，于是立了大功也不重用，结果宋代成为一个因养兵而亡国的朝代。

然而宋代开国时，中国社会承袭唐末五代，已饱受军人之祸了，所以宋代自开国起就知尚文轻武。宋太祖临死有遗嘱告诉他后人说：你们子孙相传，绝对不能杀一个读书人。他们牢守此家训，都知尊重文臣士大夫。直到南宋，还是守着不杀士大夫的遗训。岂止不杀，宋王室实在是懂得优奖文人的。因此过了百十年，能从唐末五代如此混乱黑暗的局面下，文化又慢慢地复兴。后代所谓宋学——又称理学，就是在宋兴后百年内奠定基础的。这一辈文人，都提倡尊王攘夷，明夷夏之分，又提倡历史传统，所以中国还能维持，开辟出自宋以下的下半部中国史，一直到现在。正因宋代人那样尚文轻武，所以好铁不打钉，好男不当兵的话头，也就从那时传下来。我们今天从历史上平心评论，只能说宋代人为了补救唐代人的毛病，而并没有完全把毛病纠正过来，我们却不能轻怪宋人。须知有许多毛病，还该怪唐代人。唐代穷兵黩武，到唐玄宗时，正像近代所谓的帝国主义，这是要不得的。我们只能说罗马人因为推行帝国主义而亡国，并且从此不再有罗马。而中国在唐代穷兵黩武之后仍没有垮台，中国的历史文化依然持续，这还是宋代人的功劳。我们不能因它太贫太弱，遂把这些艰苦一并抹杀。

再说到国防资源问题，这也是宋代一个最大的缺憾。中国的地理形势，到了黄河流域，就是大平原。一出长城，更是大平原。所以在北方作战，一定得要骑兵。而中国之对付北方塞外敌人，更非骑兵不可。而骑兵所需的马匹，在中国只有两个地方出产。一在东北，一在西北。一是所谓蓟北之野，即今热察一带。一是甘凉河套一带。一定要高寒之地，才能养好马。养马又不能一匹一匹分散养，要在长山大谷，有美草，有甘泉，有旷地，才能成群养，才能为骑兵出塞长途追击之用。而这两个出马地方，在宋初开国时，正好一个被辽拿去，一个被西夏拿去，都不在中国手里。与马相关联的尚有铁，精良的铁矿，亦都在东北塞外，这也是宋代弱征之一。王荆公行新法，一面想训练保甲，一面又注意到养马。但在中国内地养马不方便，据当时人估计，养一匹马所需的土地，拿来种田，可以养活二十五个人，这是在农业社会里要准备战争的一大缺点。王荆公不得已，订出保马政策,让民间到政府领马养。把马寄养在私家,一匹一匹分散养,平时民间可以利用领养之马,遇到战争需要,再临时集合。这种事,民间当然情愿做,领一匹马来,平时作牲口用,却不晓得马在温湿地带饲养不易,很容易生病死亡。但马死了要赔钱,于是农民把养马看作苦事。政府却要挨派,于是保马变成一秕政。其实这一方法,纵使推行有效,遇到战事,一群羸弱之马,也未必真有用。在这一制度上,也可告诉我们宋代国防上所遭遇的大难题。

再说当时长城内险,自居庸关到山海关一带,都已在辽人手里,辽人倘向南冲来,又怎样办呢?真宗时澶渊之盟,即由此形势下逼成。自宋辽两国讲和以后,宋朝的国防形势是很可怜的。两国既不正式开战,中国人也不好正式布置边防。只奖励民间种水田,多开渠道,于渠旁多植榆杨。万一打仗,可以做障碍,稍稍抵御辽人之大队骑兵。这可说是无法中的办法。这真是极顶可怜的办法。但这办法纵可怜,辽人也懂得,还是时时不许中国开沟渠,种水田。又在冬令时,放队四出小掠,把中国边境农村烧杀破残了,让中国永久不能有沿边的防御线,他们可以随时入侵,如是威胁着中国只好保持和议。算只有山西一面,太原向北,还有一道雁门关内险,这就是杨家将杨老令公杨六郎等守御的一条线。不过这是次要的一线,主要的还是在河北。此线无险可守,主要的国防线算是拒马河，已在涿州附近，这是宋代中国不得已的一条可怜的国防线。由此一退下来，就直叩首都开封之国门。再退始是淮南北丘陵地带，渐渐和黄河流域中原大平原不同。至于过了长江，形势更不同。所以南宋还能守江淮。这是宋代国防上的先天弱点，我们也不能一一怪宋人。自然，宋代若能出一个大有为之主，就国防根本条件论，只有主动地以攻为守，先要大大地向外攻击，获得胜利，才能立国，才能再讲其他制度。现在是以防御来保国家，而且是一种劣势的防御，迟早总要失败，再迁就这一形势来决定其他制度，自该无一是处了。其实中国自古立国，也没有不以战斗攻势立国的。秦始皇帝的万里长城，东起大同江，西到甘肃兰州黄河铁桥，较之宋代这一条拒马河，怎好相提并论呢？况且纵使是万里长城，也该采用攻势防御。所以终于逼出汉武帝的开塞出击。宋代军队又完全用在消极性的防御上，这固然是受了唐代的教训深，才矫枉过正至于如此。进不可攻，退不可守，兵无用而不能不要兵，始终在国防无办法状态下支撑。幸而还是宋代特别重视了读书人，军队虽未整理好，而文治方面仍能复兴，以此内部也还没有出什么大毛病。其大体得失如是。

第四讲　明代

一、明代的政府组织

甲、明代之中央政府

明代是中国近代史的开始时期，同时也是世界近代史的开始时期。从明迄今，六个世纪，五百多年，西方欧洲走上一个新的近代史阶段，中国也复如是。明以后接着就是清，我们要了解清代，该先了解明代，现代中国大体是由明开始的。可惜的是西方历史这一阶段是进步的，而中国这一阶段则退步了，至少就政治制度来讲，是大大退步了。

倘使我们说，中国传统政治是专制的，政府由一个皇帝来独裁，这一说法，用来讲明清两代是可以的。若论汉、唐、宋诸代，中央政府的组织，皇权相权是划分的，其间比重纵有不同，但总不能说一切由皇帝专制。到了明太祖洪武十三年，据正史记载，因宰相胡惟庸造反，明太祖受了这个教训，从此就废止宰相，不再设立。他并说以后他的子孙也永远不准再立宰相。所以明代政府是没有宰相的，清代也没有。所以我们说，中国传统政治，到明代有一大改变，即是宰相之废止。

没有宰相了，又怎样办呢？从前唐代是三省分职制。一个中书省，一个门下省，一个尚书省。到了宋代，门下省退处无权，给事中大体也如谏官般，变成和宰相对立，很少能对诏敕行使封驳权。其时的宰相，则只是一中书省。自元迄明，中书省还是正式的宰相。直待明太祖把中书省废去，只留中书舍人，仅是七品小京官，其职守等于一书记。在唐代，中书舍人是代拟诏敕的，现在只派成管文书与抄写之职而止。给事中在明代也是七品，却还有封驳权。中书门下两省都废了，只剩尚书省，但尚书令及左右仆射也不设了，于是尚书省没有了长官，改由六部分头负责，就叫做六部尚书，这是一种秃头的尚书。在唐宋时，六部中每部的第一个司称本司，如户部有户部司，吏部有吏部司，其余礼、兵、刑、工各部均然。而尚书省则有尚书令，为正长官，左右仆射为副长官。现在明代则等于升本司为部长，六部就只是六个尚书，变成一个多头的衙门。六部首长，各不相属。这些尚书都是二品大员，这已经是当时最高的官阶了。

此外有一个都察院，是由御史台变来的，专掌弹劾纠察。全国各事都在都察院监督之下。把都察院和六部合起来，并称七卿。

七卿之外，还加一个通政司，一个大理院，则称九卿。通政司管理章奏，全国中外一切奏章送给皇帝的，都归通政司，这是一个公文出纳的总机关。大理院主平反，一切刑法案件到最后判决不了，有什么冤枉，都可以到大理院求平反。刑部尚书加上都察院和大理院，又叫做三法司，这都是司法机关，朝廷一切重大司法案件，就由三法司会审。

上述的九卿，实际上只前面七卿比较重要，后面两个卿就不重要了。在这九卿之上，更无首长，所以明制是有卿而无公，成了一个多头政府。刑部不能管吏部，吏部不能管户部，政府诸长官全成平列，上面总其成者是皇帝。

武官则有大都督，全国有五个大都督府（唐朝有十六个卫），他们都只管出外打仗时带着兵。至于征调军队，一切动员工作，这是兵部的事，不在大都督职权内。

明代政府，经过这样的改变，一切大权，就集中到皇帝。我们若把明代政府这样的组织，来回头和汉唐宋各代的传统政府一比较，便知以前宰相职权在政府之重要。但明代虽说一切事权集中在皇帝，究竟还有历史旧传统，亦并不是全由皇帝来独裁。有许多事，是必经廷推、廷议、廷鞫的。当时小官归吏部尚书任用，大官则由七卿，九卿，或再加上外面的巡抚总督开会来公开推举，这叫廷推。倘使有大事，各部不能单独决定，也常由七卿，九卿公决，这叫做廷议。倘使有大的狱讼，三法司解决不了，也由七卿，九卿开会定狱，这叫做廷鞫。这一制度，本来汉代早就有，朝廷集议大事，屡见正史记载，可见一切事，还不是全由皇帝独裁的。

再说到给事中，它官阶虽只七品，但在明代，也是一个很重要的官。明代给事中是分科的，依照尚书六部分六科。如户部给事中，兵部给事中，礼部给事中等，故又叫六科给事中。大抵这个人精习财政，便派做户部给事中。那个人懂军事，就派做兵部给事中。皇帝诏书必经尚书，始分部行下全国。此六科给事中仍可有封驳权。如关于财政问题，上面命令到了户部，户部给事中就可参加审核，发表意见，这好像现在西方政府中的专家智囊团。只要他们不同意，仍可原旨退还。而且给事中并无长官，可以各自单独发表意见。遇到廷推、廷议、廷鞫，他们也可出席。一般说来，他们的意见是很受尊重的。若他们表示反对，在当时谓之科参。往往六部尚书因为科参，束手无策，只有把原议搁下。这仍然是当时君权之一节限。

乙、明代内阁制度

然无论如何，在明代，一切事，总之是皇帝最后

第四讲　明代　107

总其成。但皇帝一人当然管不尽这许多事，因此我们就得讲一讲皇帝的秘书处。明代皇帝的秘书处，当时称为内阁。秘书便是内阁大学士。因为皇帝在宫里办公，他需要几个秘书帮他忙，这些人的办公地点在中极、建极、文华、武英四殿，还有文渊阁、东阁两阁。这些处都在内廷，所以这些人就称为内阁学士或内阁大学士。内阁学士原本的官阶只五品，而六部尚书是二品，可见内阁学士在朝廷上地位并不高。上朝排班，大学士的朝位班次也在尚书的下面。今且说这些大学士做些什么事情呢？在太祖时，内阁学士不过像是皇帝的顾问，遇皇帝有不清楚的事，可以随时问他们，听他们意见，作皇帝之参考。奏章批答，从前是宰相的事，现在是皇帝的事。皇帝不能一一亲自动笔，便口授大学士写出，这所谓"传旨当笔"。由皇帝吩咐下来，这事怎样办，那事怎样批，他们只照皇帝意见写下。所以照理，大学士不过是皇帝的私人秘书，政治大权还是在皇帝，不在大学士。

据当时统计，自洪武十七年九月十四日至二十一日，先后八日间，内外诸司送到皇宫里的章奏，共有一千一百六十件。每件奏章里，有讲一件事的，也有讲两三件事的，共计有三千二百九十一件事。此因中国地方大，一切事集中到中央，中央政府所当预闻的事当然多。远从秦始皇帝时，早已把天平称着公文，兀自天天看到深夜不得息，何况到明代？那时，西方还没有现代像样的英、法诸国。西班牙、葡萄牙那些小国家，不论疆土那么小，政治规模也简单得可怜。这当然不能与中国比。试问当时偌大一个国家，件件事要经皇帝批核，这当然很困难。我们试看北平故宫，前面三大殿，是朝会之所，后面如乾清宫等，由皇帝住宿。他天天要到前面来办公，距离既相当远，北平之气候九月就结冰，次年二三月才解冻，早上天气尤其冷。而中国政府传统习惯，会议上朝，总要在日出前，早上天不亮就朝会，皇帝也须黎明即起，等到太阳出来便散会了。一般做官人，多半住宫城外，远的如前门外骡马市大街等处。早上跑进皇宫有很远的一段路，骑着一匹马，带着一个仆人，掌一盏灯笼，四更五更就要去。到了紫禁城，还得下马，仍准骑马的只有少数几个人。一律须先到朝房，静候皇帝上朝。皇帝出来，天还没大亮，遇到天气寒冷，那时也没有近代的防寒设备。火炉很简陋，生些炭火，不过摆摆样子而已。明制一天有三次朝，称早朝、午朝、晚朝，如是则皇帝要三次出面见群臣及民众。明制常朝有两种：一叫御殿，一叫御门。御殿又称内朝，是在大殿内朝会议事。御门是到奉天门，就在阳台上，让老百姓也可以见面说话。现在西方国家有什么大集会，还有在阳台上讲话的风气，我们称这是一种民主政治的精神。其实清朝故宫的午门，就是预备皇帝和民众见面的阳台，不过这种制度清朝没有行，但明朝却有。皇帝一天要上朝三次，多少的麻烦。明太祖是开国皇帝，天下是他打来的，以前他是皇觉寺和尚，扫地挑水也干过，他有这样精力，可以做独裁的皇帝。明成祖也还是亲手打天下，他是封出去的王，从北京打到南京来篡了皇位，他也有精力可以亲裁庶务。再下去的儿孙，生长在深宫，精力逐代萎缩，便不能这样做。甚至不能天天出来上朝见群臣。今天不上朝，明天事情就接不上。事情接不上，不能叫文武百官在那里老等着，也不能群臣们说了话，皇帝无辞可答。后来皇帝便只有偷懒，把政权交付与内阁，阁权慢慢地重起来。

不过阁权虽重，而他们的官阶还是低，仍只五品，因此通常内阁大学士都由尚书兼，这样一来，内阁学士地位虽不高，尚书地位是高的。同时也和宋代般，他们都有经筵讲官。经筵讲官，是教皇帝或太子读书的，那是皇室的老师。由曾任这些官职的人来兼内阁大学士，自然和皇帝关系是既尊且亲了。所以明代的大学士（皇帝私人秘书）以六部尚书（政府行政长官）和曾任经筵讲官（皇帝的老师）的来兼任，他们的地位就尊严了。然而明朝大学士的官衔，却始终是某部尚书兼某殿（阁）大学士，譬如兵部尚书兼武英殿大学士之类，他的本官还是尚书，大学士还是一兼职。直到明代亡国，大学士还是一个五品官。不过上朝时，他以尚书身份而兼大学士，已经是站在其他尚书的前面了。然照制度正轨论，他之所以尊，尊在其本官，不尊在其兼职。所以明代内阁大学士，就官制论，绝对不能和汉唐宋时代的宰相地位相比论。

然而明代大学士，他在官职上的地位虽然低，他在政府里的权任却很高。因为一切奏章，政事，看详批答，都要经他们手。太祖、成祖时代，皇帝自己处决事情，口头吩咐大学士代笔，大学士自然只如一秘书。后来皇帝年轻不懂事，事事要咨询大学士意见。而且皇帝因于自己不懂事，也怕和大学士们时常见面，内外一应章奏，先由大学士看过，拿一张小签条，写出他们意见，附贴在公事上，送进宫里，再由皇帝细阅决定，这在当时叫做"条旨"，就是向皇帝分条供献意见的意思。又称"票拟"，是说用一个小条子（即票）拟具意见，送皇帝斟酌。待皇帝自己看过，拿这条子撕了，亲用红笔批下，名为"批红"，亦称"朱批"。批好拿出去，这便是正式的谕旨。在唐代，一切政令由宰相拟定，送皇帝画敕。在宋代，是宰相向皇帝上劄子，先得皇帝同意或批改，再正式拟旨。现在明代，则一切诏令，皆出皇帝亲旨，大学士只替皇帝私人帮忙，全部责任在皇帝。而皇帝失职，却并无办法，算只有给事中有时可以封驳。给事中究竟是太小的官位，哪能拗得过皇帝。所以明代制度，可以说是由皇帝独裁了。不过碰到大事情，皇帝还是要到文华殿、武英殿来同那批大学士当面商量，只小事情不重要的，由内阁写了条子送进皇宫给皇帝慢慢地批。

但我们应知明代的天下，将近三百年之久，最初是皇帝亲自在内阁，后来有些皇帝不常到内阁，由内阁条旨票拟送进去批。甚至有几个皇帝则长久不管事，因不管事而更不能管事，就变成怕见大臣了。于是经年累月，不再到内阁，一切公事都要送进宫里去。最有名的就是万历皇帝明神宗，他做了几十年皇帝，有二十几年没有上过朝，政府里大臣都没有见过他一面。当时人传说他抽大烟，真假不知，不过这也很可能。自宪宗成化以后，到熹宗天启，前后一百六十七年，皇帝也都没有召见过大臣。但我们也不能尽怪这些皇帝的不好，因他们精力、智力有限，天天困在深宫，而要处决一应国家大事，这何等的不容易。无怪他们要怕事偷懒，避不上朝。我们只该怪明太祖订下那制度的不好。即是废宰相而由皇帝来独裁政事，那一制度却实在要不得。

现在再说皇帝和内阁日常不见面，于是皇帝和内阁中间的接触，就多出一重太监上下其手的机会。皇帝有事交付与太监，再由太监交给内阁。内阁有事，也同样送太监，再由太监上呈与皇帝。这样，太监就慢慢地弄了权。甚至皇帝嫌麻烦，自己不批公事，私下叫太监批。批红的实权，落到太监手里，太监变成了真皇帝，掌握政府一切最高最后的决定权。遇到太监懒批的，便把来当作包鱼包肉的废纸用。这种黑暗腐败，在历史上，只有明代有。太监领袖称司礼监，明代政制最坏时，司礼监便是真宰相，而且是真皇帝。当初太祖定制，一面废去宰相，一面却也预防到太监预闻政事的可能。故在洪武十七年，铸了一块"内臣不得干预政事"的铁牌，挂在宫门里。可见太祖心里尽明白，废了宰相，由皇帝来独裁，太监接近皇帝，易于得弄权。正如汉武帝把相权揽在宫里，也预知嗣皇帝幼小，容易招致皇太后预政，所以要先把母后赐死。这些可有之流害，他们也是想到的，然而明太祖规定不准立宰相，这事他后人遵守了，始终没有敢违背。至于不准太监干预政事，他后人却没有遵守。明代太监预政，就比任何朝代干预得厉害。这哪里是太祖始料所及呢？

在这种情形下，外面弄得没办法，内阁学士若真要做点事，也必须先勾结太监。因为内阁见不着皇帝面，非结合太监，一切政事便透不上最高层。明代有名内阁大学士张居正，这是近人所推中国历史上大政治家之一个，但他也只能结合太监，才能揽实权。在神宗万历还没有做皇帝时，张居正就是神宗的师傅。神宗做了皇帝，张居正是当朝皇帝老师，而且又是内阁大学士。然而先生见不到学生面，大学士照政制论，是无法主持政令的。于是张居正只有同司礼监勾结，他才能舒展抱负，来策动当时的政事。但当时朝臣大家都反对张居正，说他不像前朝宰相，不是政府正式的行政首长，不该弄权专政。这批评实在也不错。当时尚书六部才是政府最高行政长官，他们只须听命于皇帝，并不须听命于内阁。若内阁和六部发生意见，六部可以说：你不是宰相，不是大臣，不该管我们的事。不该管的事而管，不该揽的权而揽，此是权臣，非大臣。权臣弄权与大臣当权，在中国传统政治观点上是大有分别的。大臣是在当时的制度上有他正当的地位的。在中国传统制度下，宰相无事不该问，无权不该把。他不问事，不当权，是失职，是无能。并非宰相，而问事揽权，是奸臣，是权臣。权臣弄权，这是违反国法的，也是违反政治上的传统道德的。然而明代的制度，则根本没有一个正式的宰相。六部尚书乃及七卿九卿，始是名正言顺的大臣。当时反对张居正的人，他们心里想：部（六部）院（都察院）长官，分理国事，只受皇帝节制，你做内阁大学士，只是皇帝私人顾问，你在皇帝面前，"从容论思"是你的责任，你不该借着这一点关系正式出面来干涉部院，那是你越权。因为张居正要管事，所以他要各衙门奏章公事每样备两份，一份送内阁，一份送六科给事中。这又是他不对。给事中虽官阶低，但在当时政制法理上，一切文件，该他过目，这是不错的。内阁则并无必须预闻之职权，只皇帝私下要他预闻才预闻。所以当时人反对张居正，张居正是没有理由答辩的。他于是只有向皇帝去辞职，他说他"所处者危地，所理者皇上之事，所代者皇上之言"，这几句话，丝毫也不错。然试问当时何尝有一道正式命令叫张居正代理皇帝呢？依照中国政治传统，皇帝不该干预宰相的事，此在讲汉、唐、宋三代政制时，已详细述及了。现在是内阁不得干预皇帝的权，就明论明，是不错的，张居正也无法自辩。现在我们不了解当时这情形，总认为张居正是一大政治家，他能主张讲法治，其实他本身就已违法了，而且违反了当时国家的大本大法呀。该皇帝管的事，他来管，那岂非不法之至吗？若张居正在汉唐宋三代，那是一好宰相。依明代制度论，张居正是一内阁学士，不是政府中最高领袖，不得以内阁学士而擅自做宰相，这是明代政制上最大的法理，也是明代之所以异于汉唐宋传统的。张居正要以相体自居，他一死，他家就被抄了。虽然他在明代有很大的建树，但当时清议，并不讲他好话，这就因为认他是一个权臣，非大臣。这不是专就他功业言，而是由他在政府之地位上的正义言。此刻我们要提倡法治，却又来推尊张居正，这正为不了解明代政治制度。当知明代的政治制度，早和汉、唐、宋传统有了很大的变化。张居正并未能先把当时制度改正，却在当时制度下曲折谋求事功，至少他是为目的不择手段，在政治影响上有利弊不相抵的所在呀！我们以上的说法，只就制度与法理论，不从事业和居心论。至少在当时那些反对派的意见是如此。我们详细讲述这一层，正为阐明制度如何牵制着人事，而明代此项制度之要不得，也就即此更可论定了。

丙、明代地方政府

地方政治一向是中国政治史上最大一问题。因为中国国家大，地方行政之好坏，关系最重要。明代亡国以后，当时有两位大史学家，痛定思痛，来讨论明代政治制度，和此下中国政治的出路。一位是黄梨洲，他著了一部《明夷待访录》，他最注意的是明代废宰相那一事。他认为将来只有再立宰相，正名定义，把宰相来做政府领袖，不要由皇帝亲揽大权。另一位顾亭林，著有一部《日知录》，他曾说：天下太平，则小官多，大官少；天下之乱，则必然是大官多而小官少。他举了历史上许多例来讲。总而言之，地方政治干得好，天下就太平。地方政治干不好，天下就大乱。他们两人的着眼点，一上一下，各有不同。黄梨洲注意在上面，顾亭林注意在下面。但我们若细看全部中国政治史，便知他们两位所说，同样是颠扑不破的教训。

从中国传统历史意见论，地方政府制度最好的要推汉代，但唐代地方制度也还好。让我们举一例来说：中国地方这样大，现在有飞机、火车、电报，政令传达，不感觉多么的困难。从前交通完全靠驿骑，这就不容易。驿路可通全国，到处都有站，当时则叫做亭。唐代首都在长安，若要发一公文到番禺（广州）或者到杭州与福州，都非常困难的，这我们可以想像到。但当时并不曾因交通之辽远，递讯之困难，而政事上有所失误。当时公文，也分缓急等次，好像现在发电报要分加急电和普通电一样。当时递送某种公文一点钟马该跑多少路，都有一定的规定。从这一站到那一站，快的多少时，慢的多少时，都规定了。每站都有守站的人，送公事的到达了，守站的早把吃的喝的都预备好，此人吃饱喝够，稍稍休息，再换一匹预先喂好了的马，继续跑。第一天到什么地方歇，第二天到什么地方歇，都有限定。因此几天内，如限赶到，是没有问题的。现在打电报利用科学，从前全靠人力马力。每天户部吏部，尚书各部都有公文送往各地，一匹马来，一匹马去，络绎于路。现在的火车轮船，有时还误点，古时驿骑误点，更该是寻常事。但也总得多少照规定时限到达。否则，政事就会乱，国家就会垮台。举此一例，便知现在我们所喜欢说的中国人一向没有时间观念那句话，也不尽正确呀。照理论，空间愈大，时间愈紧要，中国人若无时间观念，不该能统治管理偌大的空间。

再说那些站，建筑也极讲究。假山、水池、亭阁、厅房、洗澡间、马房，一应设备都周全。送公事的到了，总给你休息得很好，好让你明天再精神饱满地上路。即使不睡觉、不过夜，休息一两点钟，也足够恢复你疲劳。同时替你准备好新马，给你继续上路。马力也分等级，携带第一等紧急公文的，便给你第一级快跑的马骑。这些荒山穷谷的守站人，也决不会误你事。由这一个例，可见当时行政效率之高。但这种功绩，并不能全归之中央，这不是宰相和工部尚书的事，而是地方政府的事。顾亭林亲自走过的地方着实多，据他说：只要看见一条大路，路基筑得坚实平坦的，询问查考，多半是唐代留下来。只要看见一座大城，坚厚雄壮，一经询问查考，也多半是唐代留下来。驿亭的建筑遗址，顾先生也看得多了，他才追怀到唐代的规模。据他《日知录》所讲，真好像近代欧洲人眷念推崇罗马古迹般。但罗马是帝国主义者征服四围，一切为武力而措施。唐代则完全是地方政治之完善。两者间用意不同，而顾先生也不是漫无用意，如考古家般来赞扬唐代。他的用心，正在针对着明代之实际情况。让我们继此来讲一讲明代的地方行政吧！

丁、元明以下之省区制度

要讲明代地方行政，最重要该首先提到的，就是现在的所谓省区制度了。今天我们还用着行省这名词。行省制度，不始于明代，这是从元代开始的。也可说金代先已有行省了。但正式成为制度的是元代。我们今天俗称江苏省、浙江省，省像是地域名。但历史上省字原始是衙门名，非地域名。在金元两代，开始有行中书省。中书省是当时中央的宰相府，一般称为都省。行中书省是由中央宰相府（都省）分出一个机关驻扎在外面。这因蒙古人征服中国，不敢把政权分散，要完全把握集中在中央。某地方出了事，就由中央宰相府派一两个人去镇压，行省是一个行动的中书省。过去御史台派人考察地方行政，今天在这里，明天到那里，所以有行台。中书省是中央政府最高机关，怎样可以分一部分在江苏，又分一部分在广东呢？这是元代一个极不合理的制度。这因异族征服了我们，跨驾在我们头上。最先使用这一制度的还是"金"。不过无论是金或元，都是外族用此制度来统制中国，都是不放心把政权交给地方，也不放心把政权分散。所以连地方政事，也由中央政府最高领袖来亲自统制。此如现在英国在香港，过去在印度，都设有总督，殖民地总督是直属皇帝的。在名义上，殖民地总督，由英国皇帝派，不由内阁派。此因内阁代表国会，国会代表民意。殖民地根本不许有民意。英国本土可以有民主，有自治，像香港、印度殖民地等便不能有民主与自治，所以也不该有地方官，直由皇帝派一总督来管理。可见任何一制度，其背后都有意义可说。元代的行中书省，就是一个行动的中央政府,宰相府的派出所,分驻在这个地方来管事。如是则地方绝无权,权只在中央。元代是有中央无地方的,中国只是其征服地,像英国的香港。

元朝同宋一样,把地方分成路、府、州、县,而实际上元代的地方政权不交在地方,乃由中央派行中书省管理。行省长官是中央官而亲自降临到地方。在当时,并不是说把全国划分成几个地方行政区,乃是这几区地方各驻有中央宰相,即成为中央宰相府的活动分张所。所以行中书省正名定义,并不是地方政府,而只是流动的中央政府。换言之,是中央侵入了地方。中央需要派一个大员来镇压某地方,就派一个外驻的宰相。在元代,共计有如是的十个分张所,并不是全国地方行政分成为十个区。行省制度在法理上的实际情形是如此。

再深一层言之。这种行省设施,实际上并不是为了行政方便,而是为了军事控制。行省制度的历史来源确如此。所以直沿袭到近代,依然有其痕迹可寻。我们现代的省区分划,和唐宋时代的道和路都不同。如江苏:徐州是一个军事重镇,它一面是山东,一面是河南与安徽。徐州属江苏省,但它的外围,江苏管不着,如是则江苏的总督或巡抚就无法控制了。南京也是一军事重镇,但如广德不守,或者芜湖放弃了,南京也不能保,而广德、芜湖也都不在江苏的管辖内。任何一省都如此。给你这一半,割去你那一半。好使全国各省,都成支离破碎。既不能统一反抗,而任何一区域也很难单独反抗。这是行省制的内在精神。

元代这一制度,明朝人自然懂得他用意。明代人明知这一制度在名义上就说不通。而且明代已废去了中书省,更何来行中书省?所以把行省长官改成为承宣布政使。全国正式划分为十三承宣布政使司。使是指的官,司是指的衙门。我们若正名讲,该说明代的地方行政分成为十三个布政使司,不该说它分成了多少行省,或说多少省。到清代,在承宣布政使之上,又常设有巡抚和总督。巡抚总督在明代是非常设的官,故地方行政首长之最高一级是布政使。但称布政使司为行政区域,已经是名不正,言不顺。就官制言,地方区域,也不该称为司。而清代则更无适当称呼,于是仍沿袭称了省。譬如有江苏布政使,有江苏巡抚,而江苏地区则称为江苏行省或江苏省。清代一统志是这样称呼的。其实省的称呼,更是名不正言不顺。又清一统志把省区再综合划分,如称关东三省(山海关以东),或岭南三省(广东、广西、福建)之类。这更是无意义。这是把政治地理和自然地理混淆了。后来中国人果然为此误事。别的不管,只叫广东省、广西省,不说岭南三省,或南三省。而独关东三省因为清代限制中国人出关,常把来混合称为关东三省，不分开，而后来又把关字省了，只叫东三省。习俗相沿，好像东三省和其他省区有不同，全国只知道有一个东三省，却不看大清一统志，岭南也有南三省。其他省区全都如此并合称呼，东三省并不和其他地区有两样，而我们却误认它是两样了。后来又有人把东三省误叫为满洲，这更大错特错。满洲只是吉林省松花江外长白山附近一小区域，在明代属建州卫。唐称府，明称卫，这是军事区域的名称，并不是东北的行政区域。关东三省，才是东北行政区域，而尚不全是行政区域。而一般人不注意这些事，或者满洲人要故意把满洲两字的地域观念放大，所以他把省区也勉强分为关东几省，岭南几省等不合理的称呼，来牵强混淆。而后来日本人又推波助澜，故意把东三省说成是另外一区域，而且东三省就是满洲。这实在是一个极大的混淆。后来弄出溥仪的伪组织，自称满洲国，认为是满洲人统治着满洲，实际上东三省哪可与满洲相提并论？孔子说，名不正，言不顺，清代学者中，就有人主张不用行省或省字，而正名称为布政使司的。然而总督巡抚又如何称呼呢？所以当时也没有人附和。然而行省之称到底是不妥，又加说本部十八省，那更荒谬。中国历史上根本就没有所谓本部非本部之别。秦代万里长城早已东达大同江，辽河流域永远在中国历史圈之内，如何说它不是中国之本部？这原是外族有意混淆是非造出来做侵略的口实。此刻又有所谓华南、华中、华北等称呼,试问中国政治区域上,有没有这些分法呢?中国人不注意,大家跟着这样叫,现在还没有事,不要紧,十年二十年以后,说不定政治上、外交上又发生问题。连我们的脑筋里,观念上,也会发生问题的。如想我们是华南,你们是华北,这些观念,都会发生很大作用。这因讲元代的行省,而牵连涉及。这都该值得我们警惕的。省区的省字,根本是一个不祥的名称,最好以后能在新的地方政治区域之划分下把这字革除,再不沿袭。

戊、明代地方之监司官与督抚

再说明代地方长官,与承宣布政使并列的,还有一个提刑按察使。布政使管行政,按察使管司法。又有一个都指挥使,管军事。三个司合称为三司。承宣布政使司又叫藩司,提刑按察使司叫臬司。清时俗呼藩台、臬台。照理,臬使尚可称台,如御史行台之例。按察使本该流动考察,不常川驻定一地方。但明清两代都已固定有驻地,称台已不合理。至于承宣布政使司,全省行政都归他管,更不该称台。布政使下面有参政、参议等官,提刑按察使下面有副使佥事等官,这种官派出去,叫分司。分司到了清朝,俗称道台,普通称为监司官,犹如省政府派几个参议到地方上协助办事。这样一来,地方政府的事情就更不好办了。明制,地方行政制度,最低一级是县。县上面是府和州，这是第二级。上面才是省，就是承宣布政使司，是第三级。三级之外再加上分司，就变成了四级。元代是把中央政府分置到地方，就变成行中书省。明、清两代是把地方高级政府再派到低级去，这便是监司官。这也难怪。因为省区大，事情多，不得已，才有分司分道之制。分司分道又分为两种。由布政使派出的叫分守道，由按察使派出的叫分巡道。明末大儒王船山，在其所著《黄书》里，曾有一统计，说：山东省有六个府，但有十六个分司。山西省有五个府，有十三个分司。陕西省八府，有二十四个分司。四川省九府，有十七个分司。这样一来，县上面有府，府上面有司（分司），司上面才是省（司），变成管官的官多，管民的官少。县官才是亲民官，府、州以上，都是管官之官。管民的官不仅少，而且又是小。所以中国地方政治，宋代已经不理想。宋制分路，诸路分设帅、漕、宪、仓四个监司官。明代更不行，一省分成三个司：一个布政使司，一个按察使司，一个都指挥使司。前两个藩臬二司，又再分许多分守分巡的司。这许多官下面，才是府、州和县。县官压得太低太可怜了。他服事奉承在他上面的长官还来不及，哪有工夫去亲民。汉代县上面是郡，郡上面没有了。汉代的郡太守，是二千石官，阶位俸禄，和九卿相似。一个县政府，也往往有属吏几百人的大规模。但汉郡多至一百以上。今天中国的一省，有比欧洲一国更大，而现在的官场习气，还是薄省长而不为。至于县长，那真微末不足道，这实在是政治上一个大问题。

以上还只讲的明代的布政使、按察使与都指挥使。而这几个长官上面还有官，还有更高一级的官，那就是总督与巡抚。总督巡抚在明代制度下还尚好，因其必有事才派出此等官，并且都带一个都御史的衔。这就是说，由中央政府都察院的都御史临时派到地方去办事，所办是巡抚、总督等事。譬如倭寇来了，沿海地方没有总其成的人，就派一个总督或巡抚去，这是临时的。过几年，事情平定了，这官仍旧回中央，机关也撤销了。但一到清代，总督巡抚又变成为永久的，在布政使（藩台）、按察使（臬台）上面再加巡抚总督，地方行政就愈来愈坏了。我们现在再从历史演变源头上说来，汉时由刺史变成为牧，以及唐代之十道观察使，这些都是由监察官变成地方行政长官的。只有节度使才是军事长官变成了行政长官，然而还是意在开边对外的。明清两代之总督巡抚，则是意在对内防乱，不在对外开边。由中央来临制地方已不好，何况派军官来常川镇压呢？若非地方政治失败，亦何来有此需要？这实在不能不说是中国政治史上一大失败。

己、明清两代之胥吏

上面所说，是地方政府一层一层的由上面加来的高压。而从下面讲，又出了毛病。最要是吏胥之制。中国传统政治有官与吏之分，最先吏是指的管理一般业务的，略等于今天之所谓事务官。在两汉时代，每一机关的长官独称官，属官皆称吏。官吏的出身，并无大区别。宰相由吏属出身，是件寻常事。所以汉代政治风气极敦厚，极笃实。唐代的吏和官，已分得远了，然而两者间还是没有判然的划分。判然划分的时期要从明代起。若再溯而上，弊病仍是先出在元代。因元代政府长官，都用的蒙古人。蒙古人不懂政事，而且不识中国字，于是便得仰赖于书记与文案。中国读书人没有了出路，便混进各衙门当书记与文案去。那便是官与吏流品泾渭之所分。但明太祖时，因人才不够用，推行荐举，任何长官都可荐举人才。所荐举的，不分进士、监生、吏员，朝廷尚是一律任用。进士等于如高等文官考试的及格人，监生等于是大学生，吏员则等于是公务员。这时尚不分高下，同样有出身。但那是一时济急。迨到明成祖时，便规定吏胥不能当御史，这就是规定曾任公务员的不能做监察官。又吏胥不准考进士，这样一来，便限制了吏胥的出身。官和吏就显然分开两途。于是在中国政治上的流品观念里，吏胥被人看不起。这一观念始于元，到明成祖时而确定。这事在中国政治史上，实有甚大的影响。西方社会有阶级，无流品。中国社会则有流品，无阶级。这也是双方社会一大区别。直到今天，流品观念在中国人脑里还很深。譬如教书人，是一种行业，衙门里办公文做师爷的也是一种行业，但行业与行业之间，却显分清浊高下，这便是流品观念在作祟。又譬如文官武官，一样是个官，官阶品位尽相等，但在流品观念下，则文官武官又显然有分别。这是中国社会独特的传统，西方人不易理解此分别的。若要把流品二字翻成西方名词也无法翻，只有中国人脑筋里才懂得。譬如唱戏也是一职业，然而在中国人脑筋里，唱戏的自成一流。这一流，那一流，各自有品，等级不同。种田的、读书的，也同样是职业，而在我们脑筋里，除开职业之外，却夹有另一观念，这就是所谓的流品。在明代政府的观念里，胥吏另成一流品，胥吏是没有出身的。先是不准做御史，后又不准考进士，结果只叫考生或秀才之中无出路的来当胥吏。胥吏流品虽低，但他们对当时政治影响却很大。近代政治界中最有名的所谓绍兴师爷，也不是清代才有，早在元明时代已有了。他们的势力，早已布满在全国。明代有一位理学先生陈几亭，他有一位朋友到绍兴去当知县，他写一篇文章送行，大意说：天下治乱在六部，而六部的胥吏完全是绍兴人，这些绍兴人虽在中央政府办文案，但他们的父兄都还在绍兴。希望你到绍兴后，多能注意教化他们的家庭来。把胥吏的父兄教化好，将来他们就可以教化胥吏。胥吏变好了，天下就治。所以绍兴是天下治乱的根本。陈几亭这番话，实在不能说没有他道理。历史上的事情，有些摆在桌子面上，有些则隐藏在桌子底下。一般谈历史的，只注意桌子面上事，譬如宰相怎样，六部怎样，而没有注意到桌子底下一样有力量，一样有影响。直到晚清光绪年间，还有人这样说：一切事情到了胥吏手里，铨选则可疾可迟，处分则可轻可重，财赋则可侵可化，典礼则可举可废，人命则可出可入，讼狱则可大可小，工程则可增可减。大抵中国政治界里吏胥所经管的，不外此七项，即铨选、处分、财赋、典礼、人命、狱讼与工程。其实政事之大者，在当时也只此七项。吏胥则是此七项的专业人，传统的专门家。他们是职业政治家而擅有专门知识的。但当时官场又看不起这些人，这些人也自认流品卑污，因此不知自好，遂尽量地舞弊作恶。我们都知道，旧官场查复公事，有说事出有因，查无实据的，也有说查无实据，事出有因的。照前面报就轻，照后面报就重。这些都由吏胥上下其手。明清两代的地方行政官，大都是管官的，不是管事的，事都交给师爷，由吏胥去办。这种师爷，各衙门都有，上下相混，四面八方相勾结。而管官的官却从科举出身，哪里懂得这些事？一个真想做事的官，一到衙门，至少须三四个月或一年半载，才把衙门里详细情形弄懂了，而一辈吏胥就不免起来反对他，暗中作梗。这种情形，从明代起，以前是没有的。而直到清代，这种趋势，日甚一日，其误在于分出官吏流品之清浊。在上面流动的叫清流，在下面沉淀的是浊流。只要一行做吏，沉淀入浊流，再也不要想翻身，再也爬不上来。

此种官场流品，深一层说，还是一种法，还是一种制度，而讲制度者不注意。当时的政治传统重法不重人。只要你在胥吏流品中，无论如何有才有德，也仍走不出胥吏之本流，仍还是一胥吏。所以胥吏不再要自爱，不再要向上。而一切文书簿籍，例案掌故，却全经他们手。他们便操纵这些来束缚他们的长官。长官虽贤明，无奈他们何。此乃法病，非人病。现代一般人，都说中国人不讲法，其实中国政治的传统毛病，就在太讲法，什么事都依法办。一条条文进出，一个字两个字，往往上下往复，把紧要公事都停顿了。吏胥政治之又一面，便是今天所谓的文书政治。这是中国传统政治里的尚文之弊。两汉政治的好处，便在其质实少文。而尚文政治之害处，则最易在政治的下层低层暴露。地方政治是政治之最低层，最下层。在两汉是一个长官（县令）之下有许多小官（掾属即吏），明清两代，是一个小官（知县）之下有许多永无出息的办事员（吏胥），而政治上许多花样（文与法）却尽付与他们，试问其影响与结果该如何？

二、明代考试制度

考试制度自唐历宋，还可说没有大变动。到明

代,变动就大了。后来清代的考试,都从明代沿下,现在我们且讲其间两点重要的:

甲、进士与翰林院

第一讲进士及第和翰林院。唐宋两代的考试,由民间先在地方政府呈报,由地方送上中央,这些人就叫进士。考取后称进士及第。譬如你是山东人,便向山东省政府报名,他把你送到中央,你就是山东省进士。考试录取,就叫进士及第。因此主要的考试只有一次。到了明代,殆因报考的人数更多了,才分成几次考。第一是府县考,录取了叫入学,又叫县学生,俗名又叫做秀才。照理,县学生该赴县学读书,但有名无实,并无正式的县学。其次是省试,考试地点在各直省的省会,这叫乡试,中试者俗称举人。各省举人再送到中央,集合会考,这叫会试。会试中试,始是进士,也叫进士及第。其实就名义论,举人就如进士,进士也就如举人,哪有这许多分别呢?明制进士及第以后,还该留在中央政府读书,由中央派一个资格老的前辈进士出身的人来教。这个人,本身就是朝廷大官,也不严格来教读。照例,要待这些进士读书满三年,再加一次考试,成绩好的,就得入翰林院。所以明代翰林是进士在中央读了几年书,经过考试,这个时候称为散馆,才成翰林的。但此种进士读书的制度,不久也有名无实了。而明代风尚,则极看重进士与翰林，非进士翰林就不能做大官。明以前的科举，只进士及第后，即便分发服务，依其行政成绩逐渐上升。明代则举人不便是进士，一定要进士及第，进翰林院的这批人，才能当大官。举人以下就没有做大官的份，如是则科举场中也分了流品。进士及第是清流，浮在上面直向前，秀才举人则变成浊流，沉淀在下面，永远不超升。鼎甲出身，也成一种流品观念了。我们不能说科举场中有阶级，但却有流品。从两汉到唐宋，任何人都得从小官先做起，但人人都有当大官的希望。明以后，科举分成两层，下层是秀才、举人，没法当大官。上层是进士与翰林，也没有做小官的。清代也如此。像曾国藩进士殿试，虽列三甲，只是同进士出身，然而进士散馆成绩好，获进翰林院，以后出来便做几任学政主考，后此就做侍郎，等于现在的部次长，一下就做大官了。至于考不上进士翰林的，无论你学问修养好，从政成绩好，总之没办法。这种制度，依然是重法不重人。但平心论之，此项制度也绝非无好处。明清两代许多的有名人，都出在翰林院。因为考取进士后，留在中央这几年，对政府一切实际政事，积渐都了解。政府又给他一个好出身，将来定获做大官，他可以安心努力。他在进士留馆时期及翰林院时期，一面读书修学，一面获得许多政治知识，静待政府之大用。进士与翰林成为政府一个储才养望之阶梯。科举本只能物色人才，并不能培植人才的。而在明清两代进士翰林制度下，却可培植些人才。这种人才，无形中集中在中央，其影响就很大。即如曾国藩，考取进士时，也不过三十几岁，那时在学问上是并无甚深基础的。而在他进士留馆一段时期，住在京城，生活虽说很清苦，但亦很清闲，没有什么事，可以一意从师觅友，读书论学。学问基础，便在那时筑成。及做翰林，还是没有事，还是读书。即或放到外省做主考官，主考还是没有许多事，旅行各地，多识民情风俗，多认识朋友，回来还是翰林。如是多少年，才正式当官任事。国家养你在那里，担保你有大官做。政府的事，你都可知道，只让你从容一时期，这是一个很好的制度。明清两代，许多大学问家，大政治家，多半从进士翰林出身。并不是十年窗下，只懂八股文章，其他都不晓得。他们住京都，往往只携一个仆人，养一匹马，或住会馆里，或住僧寺里，今天找朋友，明天逛琉璃厂，检书籍，买古董。或者在当朝大臣家里教私馆。然而他们负有清望，是政府故意栽培的人才。在政府论，应该要有一个储才之所，把下一辈的人才培养在那里。培养他的学识，培养他的资望。如是才可以接上气。汉代培养人才的是掾属。唐代培养人才在门第。宋代培养人才在馆阁校理之职。到明清两代，始把培养人才的机构归并到考试制度里。当然，做翰林的不一定全都好，然而政治家学问家都由这里面出来，那亦是事实。

乙、八股文

其次我们要讲及八股文。这是明代考试制度里最坏的一件事。从明代下半期到清代末期三四百年间，八股文考试真是中国历史上最斲丧人才的。大家知道：八股文没有什么意思，但为什么政府偏要用此来考试呢？当然有人要说，这岂不是专制皇帝故意的愚民政策吗？然而明代推行八股文，早已在衰世。那时的皇帝，哪里会用心创造出这样用意刻毒的制度来？当知任何一制度，很难说由一二人所发明，所制定。正因当时应考人太多了，录取标准总成为问题。从前唐代考试，一定要考律诗，就因为古诗不容易定标准，判优劣，律诗要限定字句，平平仄仄，要对得工整，一字不合法度就不取。标准较易具体而客观。宋代不考诗赋考经义，仁义道德，大家一样地会说，谁好谁坏，很难辨。所以演变到明代，又在经义中渐渐演变出一个一定的格式来，违犯了这个格式就不取。这不过是一个客观测验标准。八股文犹如是变相的律诗，是一种律体的经义。这也不是一下子便制定了这格式，而是逐渐形成的。开始时，也并不是政府存心要愚民斲丧人才的，目的还是在录取真人才。然而人才终于为此而消磨了。现在只骂创始此制的人存心不良，怀有极大的恶意，其实此制度也不是某一时某一人所创始的。而且纵使存心公正善良的人，其所创制度，也可有偏弊，有流害。我们必如是想，才能对政治制度有深一层之研讨与警惕。

三、明代赋税制度

明代经济方面，讲起来很琐碎。关于制度，无甚特创，此刻不拟再多讲。自明迄清，国家对于赋役，都有一种重要的册籍，名叫黄册和鱼鳞册。黄册是登记户口的，鱼鳞册是登记田亩的。直到清代后期一百多年间，黄册没有了，户口很久不调查，但鱼鳞册则相沿至今，纵有许多改进，但依然还是明代创制传下。这是值得提及的。黄册以户为主，每十年更定一次，凡四本。一上户部，三份分送布政司府县。册上详具旧管新收开除实在之数，为四柱式。所谓以户为主者，如某户有田百亩，或卖去二十亩，则造册曰旧管百亩，今卖，当开除户下田二十亩，彼买者新收二十亩，而此户实在则止八十亩。这是专据某都某家之一户来登记的。如买者乃别都人，则立为子户，登记于买田人户图中，逐项注清楚。此项造册制度，一看像麻烦，其实在当时，本兼有限民名田之义。好使兼并之风，不易随便滋长。但此项黄册，积久弊生，便多变乱了。如有一豪家，置田万顷，他的田亩，侵入别都的太多了，便会有人想法变乱黄册，把新收随便挪移成旧管,来迁就此种兼并之恶风。又黄册规定以一百十户为一里,推择其中丁粮多者十户为长,余百户分十甲,一甲分十户。岁役里长一人,甲首一人,董理此一里一甲之事。主要在替政府主管催征。但兼并之风既盛,大户千亩也是一里长,小户三十亩也是一里长,则小户更非荡家破产不可了。

我们只看明代黄册制度,便可由此想像唐代的账籍制度,在他们初创法时是各有一番精密恳切的用意的。但时间隔久了,便弊端丛生。最先是由人运用那项制度来迁就那弊端,最后是那项制度无法保留,只有根本舍弃了来另立新制度。

其次讲到鱼鳞册,远在宋代已开始有了的。但到明代,此项图册,才为政府普遍使用,而成为一制度。黄册以户为主,鱼鳞册以土田为主,当时亦称鱼鳞图。每县以四境为界,每乡每都亦如之。田地以丘相挨,如鱼鳞然,故称鱼鳞图。图中田地,或官有,或民有,或是高田,或是污田,或埂或瘠,或山或荡,都详细注明,并添注上业主的姓名。其有田地卖买,则一年一注。人户纵然流动,田地则一定不移。因此,当时人称为以田为母,以人为子,子依于母,亲切可据。我们若就黄册鱼鳞册这两种册子来细想当时创立此项制度之用心,实有未可厚非的。在此项册子上,不仅便利了政府收租的手续,而且实在是不便于民间之兼并的。但若论历史大趋势,自唐代两

第四讲 明代

税制以来，政府方面，究竟是只顾虑在政府自身的财政上如何图谋征租手续之方便，而再不能在经济理论上来努力社会民众方面土地制度之建立。此中原因，一则由于两汉以下，地方行政规模日趋简窳陋，无法注意到此等大政策。再则自中唐以下，社会上大门第势力全归消失，畸零割碎的小户农田，全归政府直辖，征收租税的手续，更麻烦了，于是不得不在这上面尽力想方法。而民间的舞弊取巧，则层出不穷，上面立一法，下面即跟随着这一法来作弊生巧。自从有了鱼鳞册，民间即在鱼鳞册上想花样，如当时所谓飞洒诡寄之类，一切作弊的花样，一时也说不尽。因此，册上的田地四至，纵然是准确，而业主花名，则依然可以混淆，到底则仍变为一笔糊涂账。远在嘉靖以前，实际上明代的鱼鳞册，也早等于废弃了。

其次要讲到明代的一条鞭法。所谓一条鞭，是把民间差役杂项，一并归入田赋项下，计亩征银，以求手续之简便。这一法，早在宣宗宣德年间，已有人在长江下游东南一带试行过，此后逐渐推行到全国。在世宗嘉靖、穆宗隆庆时，是明代一条鞭法最盛行时期。但此制也如宋代的免役法一样，虽在南方觉得是便利，但在北方则各处深感不便，反对甚烈。实际上，一条鞭法经历时期也并不久，便紊乱了，并不能完全遵照那法制来推行。

我们上面讲了明代的黄册鱼鳞册和一条鞭法，却有一层重要之点,值得再提出。我常说,任何一项制度之成立与推行,决不是孤立的,它必然须和同时其他几项制度相配合,它必然会受其他某几项制度之牵动和影响。循此推说,任何一时期的各项制度,必然会互相配合,互相牵动影响,而形成一整套。即就土地制度和租税制度论,此两项制度之互相配合,及其互相牵动影响之处特别大。春秋时代的井田制,这是后代中国人理想的土地制度之范本。但即因当时贵族阶级为求便利税收制度之简化,而终于把此井田制度破坏了。北魏时代的均田制,也必先有三长制的整理户口册籍作准备。唐代的租庸调制,也因于当时账籍制度之淆乱而不可再行使。自唐代两税制以下,因于种种实际困难,逼得政府只在税收制度上着眼用心,而把整顿土地制度这一重要理想放弃了。但即就税收制度这一项而论,自唐代制定两税制以下,依然要遇到种种困难。明代的黄册和鱼鳞册,依然如唐代之账籍般,终于年深日积之下而弊病丛生,而淆乱不清了。这又牵涉到地方政府即州县衙门的各项组织与其行政效能而受甚深之影响。而且也不尽在地方政府之组织与其行政效能上,而又得牵连及于地方自治的种种情况之不同。因此又必然牵连到各时代的社会形态。如春秋时代有封建贵族,东汉以下至中唐时期有大门第,晚唐以下迄于宋明,社会大门第全消失了。农户散漫,全成一新形态。这些都为了解中国历史上田赋制度种种演变所必须牵连论及的有关系的各要点。于此我们可以想像，我们今天若要再提出一项土地制度之整理，及新规划，其势仍会牵连及于其他一切制度之如何相互配搭，以及与社会上一般情状之如何真实适合的这一问题上。我们此刻来讲历史上的各项制度得失，正要我们了解一项新制度之成立和推行，其条件是如何的复杂，其考虑是该如何的周详。

四、明代兵制

现在说到兵制。明代武功，较之唐代相差并不远。明太祖平天下，原定有卫、所制度，其实也就如唐代的府兵制，不过名称不同而已。大的兵区叫卫，小的兵区叫所。明代的卫所，便如唐代的府。明太祖曾说："吾养兵百万，要不费百姓一粒米。"这用什么方法呢？那就是卫所制度了。当时每一兵区，设在一个府里的叫所，连着两个府的叫卫。大约以五千六百人为一卫，一千一百二十八人为一所，一百一十二人为百户所，外统于都司，内统于五军都督府。遇出兵打仗，由朝廷派一个将军，叫做总兵官，所带的便是卫所军队。战事结束，总兵官把兵权交出，军队回归卫所。平时卫所军给田自养，国家不要他赋税，这种制度还是同府兵制一样。

我们读历史的，读到明朝晚年，总觉得中国太不行。满洲不过是松花江外一个小部落，中国怎会抵御不住它？我们因这一番愤懑之情，便不免要多责备。其实我们该晓得，像中国这样大的一个国家而垮了台，当然不是简单的一回事，我们该就历史上切实来理会。这并不是说文化衰败，道德堕落，政府专制黑暗，几句空洞不着边际的想像话，便能道出其中之因缘。专就政治讲，每一制度，只要推行到两三百年的，总不免出毛病。明代大体上已过了两三百年的太平日子，无论当初制度怎么好，也会腐化，这是很自然的一件事。两三百年的长时间，人们的精神不会始终紧张，维持原状的。它也会放松一下。就拿卫所制度说，此制度不算得不好，而且明代也凭此建立了辉赫的武功。后来国势隆盛，四境太平了，兵卒一生不见打仗，他们的精神当然会松懈。而且动员打仗，譬如打满洲吧，依照制度，要全国平均分调，不是随便单从某一地方调拨的。这说来并不错，但结果，云南调五百，四川调一千，他们到北京的路程已相当远，全国各地的兵卒，几十万人集中到中央，早已是全国骚动了。而且他们间风俗习惯语言面貌，都是陌生的。打开武库，里面所藏兵器衣装，不知已是若干年前做好存贮在那里。拿出来，铁也锈了，缝的线也烂了。这也不能怪政府。当然不能经常隔三年两年要做二三十万套军装摆在那里让它一次一次霉烂的。纵是今天的美国人，也是临到不得已，才努力制造军用飞机的。若没有苏联大敌在前，他也不会造。明代也因于承平积久而军装霉烂了。一旦把这些破烂军装拿出来，分发兵众，临时仓促，胖子穿着紧的，瘦子穿着肥的，大家想调换一套称身的，军营里，你找我，我找你，也不是件容易事，大多数是勉强马虎穿上身。临出发，军队照例要祭旗，这当然并不是完全为迷信。现在军队出发打仗，也要预先演习，试试枪炮的。从前祭旗的典礼，要杀一条牛，这譬如今日大军开发前试炮般。据说明代那时，这条牛就杀不死。为何呢？这因武库的刀藏得太久了，锈了钝了，所以杀不死一条牛。祭旗杀牛用的刀还如此，几十万士兵手里拿的更可想。我们今天却不能单凭此等事骂中国文化不好，甚至说我们民族已衰老。这实在是因于承平过久，自然把战斗生活淡忘了。我们再看满洲人，他们戴的帽子，两边可以遮下，直从两耳到颔下，面部只露两只眼一张嘴。这因东北气候冷，放下帽来才可保护耳朵鼻子，不使冻脱。今天我们穿的马褂与长袍，这也是当时满洲的军装。为了骑马方便，长袍一面开衩，骑上马，还可把另一面的里襟搭过来，两条腿都盖着了。照中国内地人服装，骑上马，膝盖就露出，要受冻，僵了。两手为要伸出拿马缰绳，他们的马蹄袖，正好保护伸出的手指。我们中国的军队，有些是云南人，有些是广东人，自生以来，也没见过冰和雪。骤然应调到北京，穿上那些不称身的旧军装，再调到关外，大风一刮，精神惨沮，怎能同满洲军队对阵作战呢？当时没有注意到这些，所以一碰上就不行了。当时中国一个总兵官杜松，被满洲兵一箭射死，就因为他帽子的铁锈了，箭头穿胄而入。总兵官都没有精良的甲胄，士兵更不用说。这些事，我们粗略读史是不会知道的。当时徐光启在南方，为此事屡上条陈，据他说：我们该从头练新兵，兵队数量不须多，每个兵都该量着尺寸做军衣，又要适合着东北关外的气候。当然刀枪武器也该要新的，又该配合各人的气力。如是才可谈训练。他把计划定好，政府也赞成，但户部拿不出钱，就没有能照样办。我们从这点看，可知一个国家的武装，物质条件也要紧，我们不能老是拿精神来战胜强敌啊。但明代大失败之后，受了教训，急速改变，那时中国还是能抵抗。不过中央政府垮了台，外面的军队也就难以支持了。从前宋代曾有过这样的争论，究竟养一匹马好呢？还是养二十五个农民好？好像现在说，究竟黄油好，还是大炮好？

军装封在武库里，全国农民普遍安静和平地过活，生平没有见兵革，这样的日子，也不该过分地咒骂。但一旦边境闯出乱子来，要他们仓皇跑出关外去，军装就是军队的生命，我们也不能不承认物质条件之重要。物质条件配不上，单靠精神，哪能持久。我们的武力方面,经过几百年太平,也该会衰落的。突然出来一个满清,抵不住,也不足为怪。站在历史立场看,应该有一历史的说法。所谓历史的说法,便是根据历史,把具体事实来说明。我们不要说中国民族衰老了,它的文化不行了,那些空洞话。我们要分析那时的具体事况,换言之,我们要找出历史材料,来说明当时究竟失败在哪里。当然我上面之所说,只是历史事实中一小节。但总是比较落实的。

第五讲　清代

一、制度与法术

我们讲政治制度，有一些确实是制度，有一些则只能叫做事件或法术。制度指政而言，法术只是些事情或手段，不好说是政治。大抵制度是出之于公的，在公的用心下形成的一些度量分寸是制度。而法术则出之于私，因此没有一定恰好的节限。所谓方法与权术，二者之间，当然又不能仔细分。而且一个制度之成立，也当然有许多复杂关系，总不免夹带有当时一些私意的。要说建立一制度，而绝对地大公无私，不仅古代历史未之有，就是将来的历史，要说一个国家建立某项制度，而绝无人事关系，绝无私心夹杂，恐怕这希望也还远。不过公私之间该有分量的轻重。现在再说中国历代政治制度究竟是出于公的多呢？还是出于私的多？究竟法术的意义重呢？还是制度的意义重？论汉代，西汉可说是制度，东汉则多半出于光武的私心。论唐代，确实可说在建立制度，而宋代则有许多只算是一种法术。明代，有许多只能说它是一些事，不能说它是一些制。尤其是清代，可说全没有制度。它所有的制度，都是根据着明代，而在明代的制度里，再加上他们许多的私心。这种私心，可说是一种"部族政权"的私心。一切由满洲部族的私心出发，所以全只有法术，更不见制度。

二、清代的部族政权

西方人讲政治，一定先要讲主权。他们的政治思想，很多是建立在主权观念上。所以西方有神权、王权、民权的分法，到现在便是国家主权在民众。中国讲政治，一向不讨论主权在哪里。譬如说明代的政治主权在哪里？这种思想，中国很少见。中国人讲政治，一向看重在职责。只论政府该做些什么事？它的责任该是些什么？它尽了职没有？而并不讲主权在哪里。主权的背后，则是一种自由意志。譬如这一只茶杯，若说主权属于我，便是我可自由使用此茶杯。这是权利，非道义。若不论主权而论职责，职责所在，应有尽力践行之道义，便无所谓自由。这是双方政治思想上一绝大的歧异。现在我们不妨照西方人的思路来略一讲述中国历史上的政治主权究竟在哪里。我们依照历史现实看，像中国这样大的一个国家，它的政治主权，不可能操在一个人手里。若有一个人把这主权操在手，因国家太大了，他难得掌握住。故掌握政权者，一定得是集体的。譬如西方吧！神权有宗教团体支持。王权有一般贵族支持。俄国的沙皇，有许多贵族家庭拥护。法国大革命以前，也有很多贵族在支持其皇权。所以皇权政治，或者把此权分掌在贵族，或者把此权分掌在军人，我们可以说，一种是贵族政权，一种是军人政权，而往往这两者间又不容易区分，因贵族大半就是军人，军人掌权，也就成为贵族了。今天共产党批评西方民主政治是资产阶级的政权，当然英美社会上有许多工商大资本家都在拥护这政权。而共产党自身则称为无产阶级专政。以上所说，神权皇权资产阶级乃及无产阶级，只要说到政权，则全是集体来掌握的。可是我们中国历史从汉代起，就不能叫皇权，因皇帝一个人不可能掌握一个国家的大权。也不能说它是贵族政权，因自汉代起，已没有显然的贵族。说是军人政权吗？我们也看不出汉政府以下，是由军人掌握的。说是资产阶级的政权吗？中国一向没有资产阶级。所以若说政权，则中国应该是一种士人政权，政府大权都掌握在士——读书人手里，从汉到明都如此。而在考试制度下，读书人跑入政府，也有种种规定。在制度规定上，是绝没有世袭特权的。因此中国社会上的读书人，士，只是一种流品，而不成为阶级。现在再问中国政治何以特地会发展出这一种制度来，把政权交付给一辈读书人，士，而存心防止贵族军人与富人穷人的一切专政呢？这便该进一步说到中国的政治理想之重职责而不重主权之一点上。此属政治思想的范围，但制度与思想实为一体之两面，故附带在此述及了。

现在再说中国历史上的政治传统，虽说是一种士人政权，也不能无变态。在中国整部历史中，除士人政权外，常有一种特殊的政权，我此刻则称之为部族政权。所谓部族政权者，便是把政权掌握在某一个部族的手里，这便是中国历史上的异族政权了。譬如蒙古人满洲人跑进中国，也不是元清两代每一个皇帝个人能掌握整个政权的。在此两代，其政权之后面，有蒙古满洲全体部族在拥护此政权。于是蒙古人满洲人便是此一政权中之特殊阶级或特殊分子了。此种政权，我们则称之为部族政权。不论蒙古也好，满洲也好，他们都想拿一个部族来控制政府，掌握政权。这种政权，当然是私心的，所以这一种政权下之一切措施，便不好算是政治制度，而只好算是一种法术，一种控制此政权之手段。若说从来中国的读书人便全怀私心，要由他们来控制整个国家，这些话便无根据。因为读书人在社会上并不是一个显然的集团，像满洲人蒙古人般。毋宁可说是在政治制度下来奖励读书人，扶植读书人，而非社会上有一种特定的读书人来攘窃政权而存心把持它。只从东汉末年起，读书人形成门第，此后魏晋南北朝，我们也可说这时期是一种门第政权，当时的政权差不多全操在大门第手里。但在当时，实也没有特许门第来控制政权的制度。在当时制度上，则仍只是要把政权托付给读书人。但在社会情势上，则读书人全出于门第，因此门第在政治上便占了权。此乃一种社会趋势，政治积习，而当时制度确也没有特地用心用力来矫正它，如此而已。一到唐代，公开考试，把政权再开放，于是门第推翻，仍回复到士人政权的旧传统。今天我们则要讲全民政权，国家主权应在全体民众，这也可说是我们的理想。但若要真待全体民众集合起来掌握政权，这事还是不可能。这里面仍不免或以资产阶级为中心，或以知识分子为中心，或再有别的新方法，来代表着全民。如共产党主张由无产阶级专政，即其中之一例。若真要由全体民众来掌握政权，这仅是一理论。今天西方民主国家的政权，说他们是代表全民的，则中国历史上的读书人，也何尝不可说是代表着全民。读圣贤书，讲修齐治平之道，由国家加以考试，量才录用，此辈读书人的意见，就可以代表全民，这是中国的理论。此刻西方则必待大家选举，中国人则用一种公开的考试制度，这是方法的不同。双方的理想，何尝不同在想法挑选出可以代表全体民众的人来组织政府掌握政权呢？若照此说法，则中国历史上的政权，早就开放了，所以中国人一向便不讨论政府主权该何属。西方政府的开放政权来得迟，因此他们老是在争执政权该不在你们而该在我们，该不在皇室而该在民众，这是近代西方政治思想上偏重主权论之所由来。中国历史里的传统政权，据我上面历次所讲，早已不在皇帝了。皇帝个人，并不能掌握政权，仅至明代废了宰相以后，皇帝在政府的权是特别的重了。但也并不是在当时政治制度里，把整个主权交付给皇帝，皇帝也并不能说国家属于我。中国皇帝向来没有讲过"朕即国家"这句话，即是明清两代的皇帝也都不敢讲。单只是皇帝代替了宰相，那仍是制度上的改变，不是理论上的翻新。只有部族政权，才始是把另一批人来代替读书人，那便是元代的蒙古人与清代的满洲人，他们才始是当时政权的实际掌握人。但在表面上，则单说清代一代，仍然像是士人政权，仍然说政权该交付与读书人。这是中国传统的政治理论，满洲人也了解，并不曾正式反对这理论。他们只在此理论之下，另用一种法术，把满洲部族来凌驾中国读书人。若说他们是专制，则该是部族专制，而仍非皇帝专制。我们明白得这一点，才可来讲清代的制度。

三、清代部族政权下的政府

甲、清代中央政府

上面说到清代政治，和中国传统政治不同，因它背后有一批特别拥护皇帝的，这便是皇帝的同部族，就是满洲人。照理皇帝是一国元首，他该获到全国民众之拥护，不该在全国民众里另有一批专门拥护此政权的。这样的政权，便是私政权，基础便不稳固。清代政权，始终要袒护满洲人，须满洲人在后拥护，才能控制牢固，这便是这一政权之私心。在这种私心下，它就需要一种法术。所以我们说，清代政治，制度的意义少，而法术的意义多。明代废了宰相，清代便把此制度沿袭下来，还是用内阁大学士掌理国政，这对于满洲人是一种方便。因为废了宰相是利于皇帝专制的。而皇帝则显然是满洲人。

子、清代的军机处

到雍正时，又在内阁之外另添一军机处。清宫里的文华殿，武英殿，这是内阁学士办事的地方。雍正又在三大殿背后，另设一个军机处，这就是所谓的南书房，这只是一所很小的屋子。最初皇帝为要保持军事机密，有许多事不经内阁，径由南书房军机处发出。后来变成习惯，政府实际重要政令，都在军机处，不再在内阁。顾名思义，内阁还像是文治，而军机处则明明是一种军事统制的名称。既然最高法令均属于军机，当然只能说它是军事统制了。不过军机处的军机大臣，也是由内阁大臣里挑选出来的，在内阁大臣里挑几个出来到南书房协同皇帝办事，如是，皇帝可以不再到文华殿武英殿商量政事，而只在军机处密议。所以实际上清代的军机处，也就等于如明朝般，皇帝不出宫来办事，只在里面找几个私人商量。不过清代皇帝比较地聪明，他们鉴于明代太监当权而招亡国之祸的覆辙，所以不在里面找太监，而向外面调大臣。但从制度讲，二者间还是一样。太监也罢，军机大臣也罢，反正都只算是皇帝的私人秘书，算不得朝廷的大臣。我们上次讲，张居正第一不应有权径下政府最高的命令；第二不应要人报皇帝的公事也报他一份。一个首长和其秘书，只算是同一个机关。张居正要人家把公事一份送皇帝，一份送内阁，这便是不合理。倘使张居正正名定义是宰相，那些公文又只要送宰相，不须再送给皇帝。所以从制度论，张居正的办法终是讲不通。清代军机处向六部尚书大臣及各省督抚直接下命令，这些发出的命令还是皇帝的。因为政府最高出命权属于皇帝，军机处不过是皇帝御用的秘书，实实在在只是皇帝的一个"南书房"。

清代政府发布最高命令的手续，又是非常不合理。他的最高命令称上谕，上谕又分为两种：一种是明发上谕，一种是寄信上谕。明发上谕都是比较不关紧要的事，譬如皇帝出外巡幸，上陵，经筵，救荒，以及中央政府尚书，侍郎，地方政府总兵知府以上的升降，以及晓谕中外诸事，都由内阁拟好，皇帝看过，再由内阁交到六部，这是中国向来的惯例。寄信上谕是清代特有的，不按上述程序，而直接由皇帝军机处寄给受命令的人。譬如给江苏巡抚的上谕，直接寄给巡抚，旁人谁也不知道。或者要交给吏部尚书的，也是直接寄信给吏部尚书，此外无人得知的。开始时，或因军事机密，才用这办法，后来凡是紧要的事，差不多都用寄信上谕发出了。这种上谕，由军机处拟给皇帝看，皇帝看过以后，封起来盖一个印，这个印叫"办理军机处"，这是说办理军机的地方。什么人在那里办理呢？这当然是皇帝了。这个印一盖，谁也不能看。譬如是有关经济财政问题的，送给江苏巡抚，连户部大臣也不能看。若是有关军事的，送给两广总督，兵部尚书也不能看。在办理军机处的人，就叫军机大臣，名义上是大臣，照制度法理讲，并不是大臣，因为他是皇帝御用的，而不是政府的正式最高行政首长啊。这种上谕封好，办理军机处的印盖了，就交给兵部尚书，兵部尚书并不能拆看，只要他加一个封袋，直接发给受命令的人。如是则一切事情，全国中外各长官，都直接向皇帝发生关系，其他旁人全都不知道。这不是全国政治，都变成秘密不再公开了！秘密政治这当然只能说是一种法术，而不能说是一种制度呀！

直到现在，还有传刻的雍正朱批上谕，这在清代政治上是一种了不得的圣旨。雍正是有名能专制的。他的上一代是康熙。在中国历史上，康熙也算是一个好皇帝，至于雍正便太专制了。我们现在看他的朱批上谕，就可以看出清代皇帝是如何般统制中国的。在当时，全国各地地方长官一切活动他都知道，大概全国各地，都有他私派的特务人员的。因此许多人的私生活，连家人父子亲戚的琐碎事，都瞒不过他。一切奏章，他都详细批。他虽精明，同时又独裁，但他有他的精力，他有他的聪明，中外事，无论大小，旁人还不知道，他已经知道了。从前做皇帝，外面送给皇帝的公事，先送到六部，皇帝拿出来的公事，六部也一定得先看。因为政治该公开，而六部尚书是全国的行政首长呀。这在明代还是如此的。那时大官的任用还有廷推，小官的任用则只经过吏部。事关教育，则一定要经礼部的。不能说皇帝私下决定了，不再给政府行政长官预闻就可办。这决不能说是一种制度，也不能说它是习惯法，只该说它是法术。为什么？因为这是纯粹出之于私心的。而私心则决不能形成出制度。

由这一点看来，清代比明代更独裁。明代还是在制度之下由皇帝来当宰相。宰相废了，而宰相的职权则由皇帝兼。只是宰相做错了，须负责。皇帝做错了，可以不负责。除此一分别以外，明代制度还是和过去大体相似的。清代就更超越了这限度。我们曾讲过，唐宋诸代的诏敕，宰相一定要盖章，没有宰相的章，就不成为诏书。为什么皇帝下诏书一定要宰相盖章呢？这就是一种制度了。为什么皇帝的诏书不能给旁人看，而要直接送出呢？这就是一种法术了。这里的分别很简单，换句话说：一个是公的，有理由的，一个是私的，没有理由的。清代那种私心的政治，又怎样能做得下去呢？这就因为皇帝背后有全部满洲人撑腰。一个皇帝要独裁，他背后定要有一部分人强力支持他，他才能真独裁。任何一个独裁者，都有拥护他独裁的一个特定的集团。我们此刻说皇帝独裁，我们也要看是哪个力量在帮助他独裁，拥护他独裁。中国历史从秦以后，历代皇帝的背后就没有这样一个固定的力量。贵族吧，军人吧，资产阶级吧，都没有。若说皇帝利用读书人，读书人在拥护皇帝，可是读书人拥护皇帝比较是公的。因为读书人不是皇帝的私势力。而且读书人也不是一个固定的集团。中国历史上只有元和清，皇帝后面由整批蒙古人和满洲人帮忙。其他各代，大体说，是全国的读书人——由全国民众中间受过教育经过考试的人来帮政府忙，这不能说是不公道。有人认为这便是"封建社会"了，这真是胡说。读书人不就是封建。反过来说，皇帝或政府，存心培植读书人，也并不是私心。并不如元清两代，存心扶护蒙古人和满洲人。这种政治当然是私心的。因为其是私心的，所以一切表现都不成为制度，而只是法术。

丑、清代的六部尚书

清代的六部尚书，也沿袭明制。可是明代六部尚书的权相当大，尤其是吏兵两部。全国用人调兵，都归这两部管。皇帝上谕下颁，要经六部，全国事情上去，也要经六部，兵部尚书还有权下命令给督抚。清代的六部，权就小得多。六部尚书已经不能对下直接发命令，六部尚书已经不成其为行政之首长。更不同的是六部尚书侍郎对皇帝皆得单独上奏这一点。照理讲，兵部尚书对于全国一切军事，他该负责计划，军队他可以下令调动，侍郎只是他副手，事权该由首长负责。现在兵部尚书也只能对皇帝上一个条陈而止，而且尚书可以单独上奏，侍郎也可以单独上奏，这样一来，尚书就管不着侍郎。从前的六部，每部一尚书，一侍郎，本来是正副长官。清代则要满汉分开，有一个中国尚书，一定还要有一个满洲尚书。有两个中国侍郎，一定还要有两个满洲侍郎。于是一部就有了六个长官，六部长官就有三十六个。每个人都可以单独向皇帝讲话，一部之中，中国尚书不晓得满洲尚书讲些什么话，还有四个副的，也是谁也不知道谁在扯了谁的腿。皇帝寄信上谕颁给某一人，里面讲些什么事，又是谁也不知道。请问尚书六部，还能做些什么事呢？六部不能做事，全国事情当然就更集中到皇帝。在明代，每部还有一批给事中，虽是小官，皇帝下来的公事，他们还可表示反对的意见。他们这些反对，表面上纵使不是在反对皇帝的上谕而是在反对六部长官。可是上谕一定要到六部，犹如唐代发命令的是宰相，给事中照法理言，也只在反对宰相，不在反对皇帝呀！明代的命令既由皇帝发，可是皇帝上谕，送尚书六部，六部就各有给事中，他们要反对，实际上也就等于在反对皇帝了。直到明代快亡国，内部流寇张献忠、李自成猖獗作乱，外面满洲人要打进关来，皇帝主张先平流寇再打满洲人，此即所谓先安内，后攘外。这本也不错。商之兵部，兵部尚书也无异议。但被给事中们知道了，他们群起反对，皇帝无奈何，把兵部尚书撤了。有人说，明代亡国就亡在这些处。政策总难贯彻，发言盈庭，如何叫国家渡过这危险。近代西方民主政治，许多事也很少没人反对的。大总统或内阁总理，幸有政党大部分人在背后拥护，然而有许多事也还行不下。中国以前没有政党，政事一切公开，大家可以发言。临到国家危急之际，外交问题，军事问题，有时绝对需秘密，甚至有时也需要独裁。近代也有人感觉到英美民主政治，有些时实在是缓不济急，危急临头，不免要吃亏。但就常数平均，秘密政治，独裁政治，总是利不敌害。民主政治，公开政治，总是害不胜利。中国传统政治，若说凭技术，也已有两千年的经验，但有它可宝贵的地方。最可宝贵处，就是在公开。一切事情都是公开的。因有一制度存在，一切凭制度处置，要不公开也不可能。清代皇帝下来的上谕不必经六部，六部不能径下命令到全国，尚书、侍郎都可单独上奏，又没有给事中封驳权。给事中的官名是有的，但已经台谏合一，失其本职了。就政治常理言，一个机关代表一整体。譬如兵部，应该由兵部尚书代表负责，兵部侍郎是副主官，一正一副，副主官当然只是辅佐正主官，不能说兵部尚书这样讲，兵部侍郎又那样讲，变成只有个人而没有了机关。譬如财政部长代表着财政部，财政部次长对于财政上的意见当然要向部长贡献，不该直接向行政院长申述。这道理很简单。所以说清代那些措施，只是法术，不能说它是制度。

清代六部尚书、侍郎都可单独向皇帝讲话，上面已说过。然而除此以外，不论什么人，又都不许向皇帝讲话。翰林院是一个很负清望的机关，翰林院有编修、检讨等员，照理是清望之官，虽无政治实权，而地位则很高，向来他们是可以向政府讲话的。到了清代，也不准"专折言事"。地方官呢？只有总督、巡抚、藩台（布政使）、臬台（按察使）可以直接向政府讲话，道及以下的府、县，都不能专折言事了。比起明代来，布衣也可直接向皇帝讲话，这相差就太远了。

清代这些规定，若说是制度，这些制度只是要人家不过问政治。试问除了私心外，还有什么是这项制度的含义呢？而且清制又不许民间有公开发言权。当时府学县学都有明伦堂，清廷在每个明伦堂里都置有一块石碑，这块碑不是竖栽而是横躺的，故叫做卧碑。卧碑上镌有几条禁令。第一，生员不得言事；第二,不得立盟结社;第三,不得刊刻文字。这三条禁令,恰好是近代西方人所要争取的言论自由,结社自由和出版自由,所谓的三大自由了。东西双方的现代史,在这上,有一个恰正相反的对比。讲起来,真值得我们内心的惭愧。卧碑立于顺治五年。有名的金圣叹,就为犯了卧碑禁令而杀头的。因为当时考试官贪污,一些生员跑到明伦堂向孔子灵位哭叫,就犯了言事结社的禁令。我们从这些地方看,就可看出清制之存心。明代是特别奖励大家发言,公开发言的。也不仅明制如是,历代都如是。只有清代才不许人讲话。这成什么制度呢?这只是满洲部族政权便利他们统制中国的一些无理的法术。

中国历史上官吏任用,向来都归吏部管。五品以下,吏部有权可以用。五品以上,吏部开名字给宰相,由上面来决定。明朝废了宰相,大臣改为廷推,由九卿、七卿公议决定。但吏部尚书的意见,是受大家尊重的。小官任用,则权仍在吏部。清代大官,由皇帝特简,吏部不知道,也不用什么廷推了。下面小官,不能一概由皇帝简任,还归吏部铨叙,这还算是中国历史上直传下来的一种法规,清代皇帝也没有废得了。但由吏部铨叙分发的人,清代必须有引见,必待皇帝见了面以后,才得正式去上任。这无非表示全国用人之权,都在皇帝手里。照清代,任何样的小官,皇帝都引见。这不是皇帝看重这些官,却是清朝皇帝拿这项制度来教训中国人，告诉社会上：这是皇帝的权。你不见到皇帝面，芝麻大的官，你也休想做。这当然也只能说它是法术，而不是制度。因为这些制度都是私心的。私心的制度，即便是法术。法术是专讲手段，不论意义的。若说法术有意义，则只是些私意义。

乙、清代地方政府

在明代，布政使是最高地方首长。总督、巡抚非常设，有事派出，事完撤销。清代在布政使上面又常设有总督与巡抚，布政使成为其下属，总督、巡抚就变成正式的地方行政首长了。这种制度，还是一种军事统制。如是则地方行政从县到府，而道，而省，已经四级。从知县到知府，到道员，到布政使，上面还有总督、巡抚，就变成为五级。可是真到军事时期，总督、巡抚仍不能做主，还要由中央另派人，如经略大臣、参赞大臣之类，这是皇帝特简的官。总督、巡抚仍不过承转命令。总之，清代不许地方官有真正的权柄。

满洲军队称八旗兵，为国家武力主干，全国各军事要地，都派八旗兵驻防。下面的绿营，说是中国军队，实际上率领绿营的将领还都是满洲人。这两种军队，饷给是显分高下的。各省总督、抚巡，差不多在原则上也只用满洲人。中国人做到总督、巡抚封疆大吏的，虽也有，却不多。至于中国人带满洲兵做大将军的，二百多年间，只有一个岳钟麒。到了太平天国之役，满洲人自己实在没办法，曾左胡李，替满洲人再造中兴，从此封疆大吏，才始大部分转到中国人手里。然而甲午战争失败前后，封疆大吏，又都起用满洲人，中国人又转居少数了。这可以说明清代政治，完全是一种军事统制，而这种军事统制，又完全是一种部族统制，因为兵权是该完全归于这个部族的。

丙、清代的各禁区

在这种私制度之下，最坏的还是他们自己心虚，要替自己留一个退步。这个退步，就留在关东三省。清政府把关东三省划成禁地，不许中国人出关。我们已讲过：满洲人是吉林长白山外松花江畔很小的一个小部族，满洲并不就是东三省。辽河东西两岸，秦以前就是中国的土地。战国时代属于燕。秦始皇筑万里长城，东边直到大同江。无论如何，清代奉天一省，两千年前，早就是中国的。两千年来，也一向是中国的。清代把它划出去，做他们的禁地，不许中国人出关。直到光绪末年，河北、山东人才可以出关开垦。当时的台湾，也划为禁地。因为台湾由郑成功经营以后，还不断有人造反，因此不许福建人私渡。这是为了管理不易，和关东三省的留作退步者不同。以上两个禁地外，第三个禁地是今天的察哈尔和绥远。这也是中国地方,清朝又把它划成为禁地,不许添住一户家,也不许多垦一亩地。因为这些地方接近蒙古,他们的目的,要把蒙古人和汉人隔开,不使相接触。这也到了光绪末年才开禁。第四个禁地是新疆。因此地土壤肥沃,尚未开辟,他们要留作满洲人的衣食之地,希望满洲人能到那里去,故不许中国人前往。直到左宗棠平定回乱以后,禁令始弛,汉人才能随便去新疆。因于满洲人这些私心的法术,在中国境内无端划出许多处禁地,形成许多特殊区域。所以这些地方,有的是荒落了,有的则开发得特别迟。而中国人也认为所谓中国者,则只是当时的本部十八省。其实就传统历史范围言,则全不是这会事。

四、部族政权下之考试制度

再说到清代的考试制度。若说考试制度是一种愚民政策,清代是当之无愧的。晚清末年,邹容在《革命军》书里说:"满洲人在中国,不过十八行省中最小一部分,而其官于朝者,则以最小部分敌十八行省而有余。今试以京官满汉缺额观之。自大学士侍郎尚书满汉二缺平列外,如内阁,则满学士六,汉学士四,满蒙侍读学士六,汉军汉侍读学士二。满侍读十二,汉侍读二,满蒙中书九十四,汉中书三十。又如六部衙门,则满郎中员外主事缺额约四百名,吏部三十余，户部百余，礼部三十余，兵部四十，刑部七十余，工部八十余。其余各部堂主事皆满人，无一汉人。而汉郎中员外主事缺额不过一百六十二名。每季缙绅录中，于职官总目下，只标出汉郎中员外主事若干人，而浑满缺于不言，殆有不能明示天下之隐衷。是六部满缺司员，视汉缺司员而三倍，笔帖式尚不在此数。而各省府道实缺，又多由六部司员外放。何怪满人之为道府者布满国中。若理藩院衙门，则自尚书侍郎迄主事司库，皆满人任之，无一汉人错其间。其余掌院学士、宗人府、都察院、通政司、大理寺、太常寺、太仆寺、光禄寺、鸿胪寺、国子监、銮仪卫门诸缺额，未暇细数。要之满缺多于汉缺，无一得附平等之义者。"邹容这一番话，真描出了清代部族政权之实相。中国考试制度之用意，本在开放政权，选拔真才，来分配于政府各部门。现在清代的部族政权，既绝无意于把政权开放，则考试只成为羁縻牢笼之一术。换言之，只让汉人们也尝到一些甜头，开放政权之一角落，作为一种妥协之条件而止。邹容也说："至于科举清要之选，虽汉人居十之七八，然主事则多额外，翰林则益清贫，补缺难于登天，开坊类于超海。不过设法虚縻之，戢其异心。又多设各省主考学政及州县教育等职，俾以无用之人，治无用之事而已。即幸而亿万人中，有竟登至大学尚书侍郎之位者，又皆头白齿落，垂老气尽，分余沥于满人之手。然定例，汉人必由翰林出身，始堪一拜，而满人则无论出身如何，均能资兼文武，位裁将相，其中盖有深意存焉。"邹容这一说法，已说尽了考试制度在部族政权下所能占之地位。试问汉唐宋明历代的选举与考试，是否也在刘姓政权李姓政权等之余沥下，许这辈选举与考试的合格人酌量分尝其一杯羹的呢？纵使汉唐宋明诸朝，也各有宗室外戚宦官等擅权用事的糊涂账，然此只是一时的人事腐败，却非制度本身上有此一分别。可见每一制度，不当专就此制度之本身论，而该就此制度与政府其余各项制度之相互关系中来看此制度所能发生之功效与其实际的影响。因此元清两代部族政权下之考试制度，绝不该与中国传统政治下之考试制度同类相视，这已不须再分说。在邹容以前，如道咸时代龚自珍诸人，也已早看到满族政权之居心。只因那时尚不许汉人们公开抨击，因此如龚自珍辈，只有连带指摘中国历史上历代的考试制度，说它仅只是帝皇私心，在羁縻玩弄。这在我们知人论世，究该是分别论之的。

五、清代的统制政策

再说满洲人跑进中国，他是先打下了蒙古，才到中国的。因此他对蒙古和西藏，却特别怀柔。尤其对蒙古人，更是刻意拉拢。至于朝鲜，则因他们一向很忠诚于明室，所以满洲人对朝鲜人很歧视。蒙古人多封贝子、贝勒、亲王之类，成为满洲之亲族。当时是满洲人第一，蒙古人第二，再下始轮到中国人。满清皇帝又特别信奉喇嘛教，像北平雍和宫，便是喇嘛庙。这是他们想借宗教来羁縻蒙古与西藏。宗教在满洲人运用下，也成为一种法术了。所以他们尽管可以同时信崇孔子又礼拜喇嘛。这都不是信仰，也都是法术。他们要统治中国，惟恐自己力量不够，再拉上蒙古。蒙古原先也曾打进中国的，所以满洲人优待他们像亲兄弟般。同时又禁止他们和中国人通商。他统制这些地方，特设一个理藩院，略如现在的外交部。理藩院是不用汉人的，理藩院管理院务的是满洲人，下面有蒙古人，满蒙混合，却不许中国人预闻。他这种存心，现在讲来，十足是一个帝国主义者。帝国主义这名词原起于西方，中国则向来没有。由秦汉到明代，中国向不成为一帝国。帝国必然有他的征服地，征服地不蒙本国政府平等的统治。譬如英国在香港，以前在印度，都是派总督，法国在安南也是派总督，对这些征服地另外管理。这才叫帝国主义。美国人不愿菲律宾加入联邦，但亦不愿派总督去统治，因派总督就变成为帝国了。香港印度的总督，名义上由英王派，不由内阁派。他本国的政治是民主的，但其殖民地则是附属于帝国，不许有民主。若美国在菲律宾亦派总督去管理，是不是美国大总统就要等于英国的皇帝呢？这违背美国立国的精神。美国人不肯这样做，又不愿菲律宾加入联邦，才让他独立。这就因一个国家有一个国家的规模，有一个国家的体制，有其立国精神与传统历史，不能随便改。美国人尽管看重东方的商业，但他只可想旁的方法，不能派一总督来管理菲律宾，而把他们开国以来全部历史精神推翻了。所以今天苏维埃说美国帝国主义，其实是名实不相符。但若说英国对香港是一种帝国主义，这是百辩难逃的。因他把全国家分成了两部分，一部是本国，一部是征服地。这才始得叫帝国。清代有所谓本部十八省，外边又有藩属，故说它像西方的帝国，但细辨又不同。因清人待蒙古，比待中国本部的人还要好，蒙古人得封亲王，中国人是没有的。英国人断不能待香港人比待他本国的人好，可见就算清代也是帝国，还是东西巧妙不同的。我们现在的毛病，就在喜欢随便使用别人家的现成名词，而这些名词的确实解释，我们又多不了解。西方人称中国为大清帝国，又称康熙为大帝，西方有帝国，有所谓大帝，中国则从来就没有这样的制度，和这样的思想。而我们却喜欢称大汉帝国乃及秦始皇大帝了。在正名观念下，这些都该谨慎辨别的。

满洲人到中国，他们的一切政策，是拿满洲部族来控制中国人。又再拉拢怀柔蒙藏来挟制汉人。这都在上面讲过了。现在再讲他们对待汉人的办法。他们到中国来，中国人当然要反抗，反抗的领导者，当然是知识分子。于是他们开科取士，承袭了中国考试制度，表示开放政权，中国读书人依然得官做，许你们参加政治，并许做政府里最高的官。但实际上则另有一套办法防制你。如每一衙门满汉夹用，外省督、抚，则多用满人，少用汉人等。这样还不够，满洲人最高明的政策，是存心压迫中国知识分子，而讨好下层民众，来分解中国社会之抵抗力。他们一面在怀柔藩属，压迫中国。一面在羁縻中国知识分子来减轻抵抗。又一面是压迫知识分子而讨好下层民众。这样三方面用心，可谓是很周到的。康熙、雍正，也都是很能干的皇帝，经他们统治，中国无言论自由，也没有结社出版自由，而还不断有十分可怕的文字狱。种种压迫，而知识分子无法违抗。同时正因为他们还懂得讨好民众。清代有所谓地丁摊粮的办法，只收田租，不再要丁口税。这是他们自己夸许所谓仁政的。在康熙五十年，当时全国人口统计，共二千四百六十二万口，从这年起，清廷下诏永不加丁赋——即人口税，而人口则还是调查，五年一编审，但丁赋永不再加了。实际上，这一规定，并算不得是仁政。因从中国历史讲，两税制度，早把丁税摊运入地租，后来还要农民服差役，或者出免役钱，这是后来的不对。王荆公制定了免役钱，过些时，人民又要当差了，所以明朝才又提出一条鞭法来，再拿差役归入于地租。满洲人跑进中国，一切都照明制，田赋额也照万历年间的则例征收，那么差役已经摊在田租里，而此下还是照样要差役。到了康熙时，再来一次地丁合一，这还是照着中国历史的惰性在演进，朝三暮四，最多恢复了明代万历时旧额，其实非此而不能。这哪好算得是仁政？何况地丁合一后，实际上赋税还是在增加。所以这一办法，很快就失其讨好民众的作用。而且就基本说，人口税加进地税，将来人口愈增，就形成人民对国家不负责。直到现在，中国一般人民，除非有田地房屋，否则对国家就像不要负什么责任似的，这实在也不算是好制度。总之清代在制度上，实在也没有几项值得我们今天之再称道。

六、民众的反抗运动

我常说，历史上没有历久不坏的制度。何况是法术，仅凭私心，临时造作，哪能长久？清代人想讨好民众，这打算并不坏。但他们又存心压迫知识分子。他们只需要有服服帖帖的官，不许有正正大大的人。结果造成了政治上的奴性、平庸、敷衍、腐败、没精神。政治腐败了，纵想讨好民众，民众也得不到实惠。到乾隆时，满族官僚日愈放肆，政治加速腐败，那时中国知识分子的反抗意识已消沉，但下层民众所受的痛苦却积渐忍不住了。于是民变四起，屡仆屡兴。最有名的就是所谓川楚教匪，满洲朝廷费了很大气力才把它压平。但病根依然存在，一些也没有减。所以此后满清政府即使不遇到中西交通，没有西洋势力侵入，不久也仍得要垮台。

嘉庆年间，一次次变乱不停，以后又激出太平天国。由今看来，大家同情太平天国，认为它是民族革命，这话自不错，但实际也不尽然。至少他们太不懂政治，他们占了南京十多年，几乎丝毫没有在制度上建树。他们比较像样的是军制，但始终未觉悟到水师之重要。他们对下层民众，想推行均田制度，粗浅一些的社会主义，大抵他们是有此想法的，但说到政治就太低了。第一论国名，便是不祥之兆，哪里有正式建立一个国家而号称天国的呢？这是他们对西方耶教一种浅陋的知识之暴露。再加上太平二字，东汉黄巾之乱，信奉的是太平道。他们的下意识，似乎受此影响，国号太平天国，早可预示他们之失败。这样一个国名，便太违背了历史传统。正因为这一集团里，太没有读书人，这是满清政权存心分开中国知识分子和下层民众之成功。辛亥革命，国号中华民国，这因革命党里有了读书人，所以不同了。而且洪杨一出来就称天王、东王、南王、西王、北王、翼王，那些名号，只能在通俗演义里有，哪能成为一种正式的制度？他们自南京内讧以后，杀了杨秀清，还是有许多人继续称王，而名号更荒唐了。萧朝贵的儿子称为幼西王，洪仁发、洪仁达又称王长兄、王次兄。就是满洲人初进中国，也没有这样表现得粗陋与幼稚。正因满洲人初兴，便能用中国知识分子，而洪杨集团则不能。他们又到处焚毁孔庙，孔子的书被称为妖书，他们想把民族传统文化完全推翻，即使当时没有曾国藩、左宗棠，洪杨还是要失败。诸王以下，又有天官丞相，这些官名，真太可笑了。哪里有全不读书，把自己国家以往历史传统全部推翻，只抄袭一些外洋宗教粗迹，天父天兄，一派胡言，便能成了事？我们不必纵论其他之一切，单看他们那些国名官名，就知其必然会失败。若太平天国成功了，便是全部中国历史失败了。当时的洪杨，并不是推不翻满清，但他们同时又要推翻中国全部历史，所以他们只可有失败。近代的中国人，正也在想把中国全部历史推翻了，所以更多对太平天国抱同情。但话要说回来，太平天国是失败了，而满清政权，也就从此逐渐转移到中国人手里。中国人出任封疆大吏的也多了，军队变成湘军与淮军，便逼出满清政府以后之变法。

七、变法与革命

现在我们将讲到太平天国灭亡后的变法和革命。当时主张革命的是孙中山，主张变法的是康有为。康有为的理论，也不能说他全不对。他说一个国家只要能立宪，皇帝有无是无关紧要的。当时英国有皇帝，德国、日本、意大利也都有皇帝，我们不必定要革命废皇帝，我们尽可一意推行宪法，让满洲人仍做皇帝也要得。但康有为只知道皇帝无害于立宪，却不知道满清皇帝的后面是一个部族政权在撑腰。部族政权是绝不容有所谓立宪的。孙中山先生主张革命，一定要推翻皇帝，康有为的变法就变成了保皇，似乎又像非要皇帝不可了。康有为实在没有看清楚，他以为只要光绪皇帝听他话，变法就变得成，这是他的大错误。这个错误也就是错误在他没有像西洋人般懂得政治上的所谓主权的观念。他不懂得当时的中国政治，是满洲部族主权的政治。掌握主权的是满洲人，哪里是像他所谓的皇帝专制呢？他误认为中国传统政治只是皇帝专制，故而以为只要皇帝听我话，便可由皇帝专制一变而为皇帝立宪。后来康梁失败了，梁启超曾慨然说：两千年中国历史只是没有正式的革命。他这句话也不错。但他不知道在中国传统政治下，实不需要革命。而在他们当时，则真非革命不可啊。不革命，便无法推翻满清的部族政权。梁启超也如康有为，误把中国秦汉以来的传统政治看成为帝王专制，帝王专制只是一种政治制度，所以只要变法，改革此制度即够。他不晓得在他当时，这一制度之后面，还有一个力量在拥护，在支持。不是皇帝一人就可以专制，皇帝背后有他们的部族——满洲人在拥护这皇帝，才始能专制。现在光绪皇帝既跳不出满洲人的这一圈，如何能改革这制度？若要把满洲部族这集团打破了，就非革命不可。说到政府背后拥有的一个力量，这便是今天共产党所讲的立场和背景。至于中国历史上的传统政权，无论汉、唐、宋、明，却并无私权力，私立场，私背景，它的立场背景便是全国人民，便是全社会。所以遇到政治腐败，只要换一批人，把制度腐败了的略略修改，就仍可继续下。于是中国历史上便只有造反，而更无革命了。任何一朝代，既没有一种私的力量在支撑，它腐败了，天下便乱，而实无一个阻碍我们拨乱返治的真力量。现在则有此一个力量在阻碍我们，非把此力量打倒不可。这个非打倒不可的情势，就逼成了革命。所以唐、宋兴起不能称为是革命，只是人事变动，最多只能称为是变法。可是清代末年，就非革命不可了。他这两百多年的政权，和汉唐宋明不同。套西方的话头，可以说当时一切主权在满洲人。打倒满洲人，就是打倒这政治上的一种特权。我们不能说汉代的一切主权在刘家，唐代的一切主权在李家。中国传统政治，自汉以来，很少这种特权之存在。这我在上面讲述汉唐政治制度时，已详细分析证明过。现在则政权落到一个特殊集团的手里，这便是满洲部族。若我们把政治主权和政治制度分开说，就形成了两派主张，一派是康有为，他主张要变法，不要革命，他是看了制度没有看主权。另一派是章太炎，他主张只需革命，不需变法,他是看了主权没有看制度。在这两派中间,孙中山先生认为是非革命不可的,而革命之后还得要变法。变法的最要点,则是把皇位传袭彻底废除了,根本不要一皇帝。他参照中西古今的制度,想来创建一个新制度。当然康有为、章太炎不脱是单纯的书生之见,孙中山先生是一个大政治家,他有书生的修养,对政治和社会也有深刻的观察,他认识中国,也认识西方,所以他的革命理论也不同。

以后满清是推翻了,不过连我们中国的全部历史文化也同样推翻了。这因当时人误认为满清的政治制度便完全是秦始皇以来的中国旧传统。又误认为此种制度可以一言蔽之曰帝王的专制。于是因对满清政权之不满意,而影响到对历史上传统政治也一气不满意。因对于历史上的传统政治不满意,而影响到对全部历史传统文化不满意。但若全部传统文化被推翻,一般人对其国家以往传统之一种共尊共信之心也没有了。一个国家的政治,到底还脱离不了权。而政治权之稳固,一定要依赖于一种为社会大众所共同遵守、共同信仰的精神上的权。那个权推翻了,别个权一时树立不起来,一切政治也就不能再建设。所以孙中山先生主张革命之后先要有一个心理建设,这是看得很正确的。譬如我们讲考试制度,这当然是我们中国历史上一个传统极悠久的制度,而且此制度之背后,有其最大的一种精神在支撑。但孙中山先生重新提出这一制度来,就不免要遇到许多困难和挫折。因为清代以后,考试制度在中国人精神上的共尊共信的心念也早已打破了。我们今天要重建考试制度,已经不是单讲制度的问题,而还得要从心理上先从头建设起。换言之,要施行此制度,即先要对此制度有信心。即如在清代两百几十年,哪一天乡试,哪一天会试,从来也没有变更过一天。这就因全国人对此制度,有一个共尊共信心,所以几百年来连一天的日期也都不摇动。这不是制度本身的力量,也不是政治上其他力量所压迫,而是社会上有一种共尊共信的心理力量在支持。当知一切政治,一切制度都如此。现在我们则对于政治上的一切制度,好像拿一种试验的态度来应付,而对此制度并没有进入共尊共信之境,空凭一个理论来且试一下。这问题就大了。甚至其他国家一两个月的新东西,或是几个人的新理论,我们也高兴拿来随便试,随便用。试问哪里有无历史因袭的政治,无传统沿革的制度,而可以真个建立得起来的?我们硬说中国历史要不得,中国社会须彻底地改造,把政治制度和革命推翻的口号混淆在一起。我们并不根据历史事实,而空嚷要打倒。其实这问题已转了身,已不是某种政治与制度该打倒,某种社会与经济该改造,而是全部文化该废弃了。可见思想理论,讲这一部分的,都会牵涉到别一部分。未经多方面考虑,未经长时期证验,是无法就下定论的。

总　论

上面讲了五次，我想再对中国历代政治，说一点简单的看法：从秦到清两千年，我们对以往的传统政治，至少不能很简单地说它是专制政治了。我们平心从历史客观方面讲，这两千年来，在政治上，当然有很多很可宝贵的经验，但也有很多的流弊。以前曾不断地修改，以后自然仍非不断地修改不可。从这两千年的历史中，我们可以对以往传统政治，找出几条大趋势。在此我只想专举我们认为一些不好的趋势，再一陈述。至于好的地方，我们且暂略不讲了：

第一：中央政府有逐步集权的倾向。这从某一方面讲是好的，一个国家该要有一个凝固的中央。政治进步，政权自然集中，任何国家都走这条路。开始是封建，四分五裂，慢慢地就统一集中。然而自汉迄唐，就已有过于集权之势。到宋、明、清三朝，尤其是逐步集权，结果使地方政治一天天地衰落。直到今天，成为中国政治上极大一问题。这问题孙中山先生也提到，对于新的县政，我们该如何建设，旧的省区制度，又该如何改进，实在值得我们再细来研究。当知中国政治上的中央集权，地方没落，已经有它显著的历史趋势，而且为期已不短。地方官一天天没有地位，地方政治也一天天没有起色，全部政治归属到中央，这不是一好现象。固然民国以来数十年的中央始终没有能达成圆满稳固的统一，国家统一是我们政治上应该绝对争取的。但如何使国家统一而不要太偏于中央集权，能多注意地方政治的改进，这是我们值得努力之第一事。

第二：可以说中国历史上的传统政治，已造成了社会各阶层一天天地趋向于平等。中国传统政治上节制资本的政策，从汉到清，都沿袭着。其他关于废除一切特权的措施，除却如元清两代的部族政权是例外，也可说是始终一贯看重的。因此封建社会很早就推翻了。东汉以下的大门第，也在晚唐时期没落了。中国社会自宋以下，就造成了一个平铺的社会。封建贵族公爵伯爵之类早就废去，官吏不能世袭，政权普遍公开，考试合条件的，谁也可以入仕途。这种平铺的社会，也有其毛病。平铺了就不见有力量。这件事在近代中国，曾有两个人讲到过：一个是顾亭林。他是明末清初人，他想革命排满，但他深感社会没有力量，无可凭借。他曾跑到山西，看见一个裴村，全村都是姓裴的，他们祖先在唐代是大门第，做过好几任宰相，直到明末，还是几百几千家聚族而居。他看见这样的村庄，他认为社会要封建才得有力量。外面敌人来了，纵使中央政府垮台，社会还可以到处起来反抗。但他所讲的封建，却并不是要特权，只是要分权。中央早把权分给与地方，中央垮了，地方还可有办法。这是顾亭林的苦心。再一位是孙中山先生。他要革命，他跑到外国，只结合一些知识分子，这是不够力量的。他看见中国社会有许多帮会和秘密结社，他认为这是中国社会一力量，可以利用。这种帮会组织，自然不能说它是封建，也不是资本主义。当知只要有组织，便可有力量。我们看西方，一个大工厂，几千几万人，有的政党便尽量挑拨利用，闹起事来，一罢工就可发生大影响。因为是一个组织，所以是一个力量了。中国近代社会却找不出这些力量来。人都是平铺的，散漫的，于是我们就只能利用到学生罢课，上街游行，随便一集合，就是几百几千人，这也就算是力量了。西方由封建主义的社会进到资本主义的社会，不过是由大地主变成大厂家，对于群众，还是能一把抓。在此一把抓之下，却形成起力量来。中国传统政治，向来就注意节制资本，封建势力打倒了，没有资本集中，于是社会成为一种平铺的社会。若要讲平等，中国人最平等。若要讲自由，中国人也最自由。孙中山先生看此情形再透彻没有了。然而正因为太过平等自由了,就不能有力量。平等了里面还有一个关键,就是该谁来管政治呢?政府终是高高在上的。社会平等,什么人该爬上来当官掌权呢?中国传统政治,规定只许读书人可以出来问政,读书人经过考试合格就可做官。读书人大都来自农村,他纵做了官,他的儿孙未必仍做官,于是别的家庭又起来了,穷苦发奋的人又出了头,这办法是好的。不过积久了,读书人愈来愈多,做官人也愈来愈多,因为政权是开放的,社会上聪明才智之士都想去走做官这条路,工商业就被人看不起。西方社会就不同,起先根本不让你做官,实际纵使封建贵族,也没有所谓官。于是社会上聪明才智之人都去经营工商业,待他们自己有了力量,才结合着争政权。这就形成了今天的西方社会。中国很早就奖励读书人,所谓学而优则仕,聪明人都读书,读了书就想做官去,所以使中国政治表现出一种臃肿的毛病。好像一个人身上无用的脂肪太多了,变肥胖了,这不是件好事。但这现象,直到今天,还是扭转不过来。

第三:长治久安,是人人希望的,可是在这种情形下的知识分子,至多也只能维持上三代。起先是一个勤耕苦读的人出来问世,以至飞黄腾达,而他的下一代,很快就变成纨绔子弟了。于是有另一个家庭里勤耕苦读的人物,又再昂起头来。我们只看宋明两代的宰相,多数是贫寒出身,平地拔起的。然而天下太平，皇帝可以两三百年世袭着，做宰相的人，前十年还在穷乡茅檐下读书，但皇帝已是有着七八世九十世的传统了。相形之下，皇帝的地位和尊严，自然一天天提高。皇室的权，总是逐步升，政府的权，总是逐步降。这也是中国传统政治上的大毛病。虽说此后这一毛病可以没有了，但读历史的仍该知道这会事，才能对中国以往政治有一种比较合理的认识。

第四：是中国的政治制度，相沿日久，一天天地繁密化。一个制度出了毛病，再订一个制度来防制它，于是有些却变成了病上加病。制度愈繁密，人才愈束缚。这一趋势，却使中国政治有后不如前之感。由历史事实平心客观地看，中国政治，实在一向是偏重于法治的，即制度化的，而西方近代政治，则比较偏重在人治在事实化。何以呢？因为他们一切政制，均决定于选举，选举出来的多数党，就可决定一切了。法制随多数意见而决定，而变动，故说它重人、重事实。我们的传统政治，往往一个制度经历几百年老不变，这当然只说是法治，是制度化。法治之下，人才就受束缚了。所以明末的黄梨洲要慨然说："有治人，无治法。"这因一向制度太繁密，故使他太不看重法，太看重人，而要提出此主张。但尚法并非即算是专制，而中国历史上平地拔出的人愈后愈多，而自由展布之才，却愈后愈少了。此后的我们，如果不能把这种传统积习束缚人的繁文琐法解放开，政治亦就很难有表现。刚才我们讲，中国社会上想从政做官的人太多了，但又再加上这些法令制度的繁密，来重重束缚他，这就是中国政治没有起色的根源。

今天我们的政治，已经走上一新路，似乎以前历史上的往事，可以一切不问了。其实这观念还是错误的。传统政治的积弊，虽是历史，同时也还是现实。外貌变了，实质仍未变，如何能不仔细研究呢？正如我们误认了以往政治传统一切该打倒，而且也真的一切被打倒了。同时我们对一切传统和习惯，也失去了共尊共信心。几千年的皇帝打倒了，政治变了新花样，但无论如何，不得不先求国家之统一。要求统一，便要中央集权。但中央威信如何能建立，这就成为辛亥以来政治上一个大问题。我们若拿不出一个为全国人民共尊共信的东西来，这工作自会感觉到困难。而且建立中央，同时又须顾及地方，这不是更困难了吗？

上面我们说过，中国社会早已是一个平等的社会，所以在这个社会里的一切力量都平铺散漫，很难得运用。因其是平铺的，散漫的，因此也无组织，不凝固。然而我们面对着同一事实，却往往讲两样的话。一方面说我们是封建社会，一方面又说我们是一盘散沙。不知既是封建，就不会像散沙。既说是一盘散沙，就证明其非封建。但我们的将来，要是不走上西方资本主义的路，那末我们又如何来运用我们将来的新政，使社会再有一个新的共尊共信之点而向此中心再度凝结呢？这又是今天政治上极重要的一件事。

现在皇室是推倒了，皇帝是没有了，我们只说政治的主权在民众，现在是民权时代了。可是就实际言，中国四亿五千万人民，哪能立地真来操纵这政权呢？孙中山先生说：此四亿五千万人都是刘阿斗，这话再正确没有，因此他主张在政治上的权和能要分开。孙先生不是读死书的人，他这几句话，并不由任何西方抄袭来，他真是深识远虑，确有他所见。政府是该属于民众的，但不是，也不能，定要全体民众直接来掌握此政权。理论上，国家政权当然在民众，该以民众大家的意见为意见。但民众意见，终是句空话。如何来表达出此民众的意见呢？今天中国多数民众，尚依赖政府来注意教和领导，他们哪有办法来过问政治？然而一个国家总要有一个不可动摇的重心，即如目前的日本，他们把历史上的传统中心皇帝尊严摇动了，急切间社会也会发生摇动的，他们拿什么东西来填补，来维系？这在他们也将成为一问题。中国也会碰到这问题的，而且早已碰到了。

我将最后申说着一点。中国之将来，如何把社会政治上种种制度来简化，使人才能自由发展，这是最关紧要的。但这不是推倒一切便可以成功。重要的不在推倒，在建立。我们说，我们要建立法治，现在我们的文书制度，层次之多，承转之繁，使人一跑进这圈套，就无法得转身。再加上民主二字，好像什么事都待集体商量过，于是文书递转以外再加上开会忙。照目前情形，只要开会和递转文书，已够使每一个人在政治上不能表现出才能。我们天天说我们的法不够，其实不够的不在法，而在才。这也不是我们之无才，乃是我们的才，不能在我们的法里真有所表现。一个时代，总有一个时代的人才，也总有一个时代的法制。人才无可表现，于是有大乱。若专用法制来束缚人，使人人不获尽其才，则必将会酿乱。我们现在将如何酌采西方的新潮流，如何拿自己以前的旧经验，来替自己打开一出路，来创新法，运新才，这当然是我们这一代人的责任。政治确实是一件麻烦事，就近代历史看，算只有英国政治支撑了几百年，此外都是几十年一百年就垮台了。我们不能专看别人家，样样向人学。人家的法规制度，同样不能有利而无弊。但人家各自在创制，在立法，他们觉悟到有了毛病，还可改。我们则一意模仿抄袭，就更没有所谓觉悟了。英国的政治比较能持久，然而我们是大陆国，广土众民，他们是岛国，国小民寡，我们又怎能全盘学他呢？美国由英国分出，已不全学英国。法国政治传统也较久，但此刻已不行。此外像德国、意大利、日本，我们竟可说他们还没有可靠的政治经验。若我们更大胆说一句，也可说整个西方人在政治经验上都还比较短浅。能讲这句话的只有中国人。中国政治比西方先进步，这是历史事实，不是民族夸大。这句话也只有孙中山先生曾说过。今天我们要反对中国自己传统，想要抹杀我们自己两千年历史，但历史已然成为历史了，如何能一笔抹杀呢？别人家自有别人家的历史，我们又如何能将自己横插进别人家的历史传统呢？这又牵涉到整个文化问题了。纵论及此，便见是非常复杂了。我不敢在这里空谈理论，只能讲历史。当前英国哲人罗素曾说过：讲哲学，至少有一个功用，即在减轻人一点武断。我想讲历史，更可叫人不武断。因事情太复杂，利弊得失，历久始见，都摆开在历史上。知道历史，便可知道里面有很多的问题。一切事不是痛痛快快一句话讲得完。历史终是客观事实，历史没有不对的，不对的是在我们不注重历史，不把历史作参考。至少我们讲人文科学方面的一切，是不该不懂历史的。政治也是人文科学中一门，我们回头把以前历史经过，再看一道，总还不是要不得。

钱穆作品系列
（二十四种）

《孔子传》

本书综合司马迁以下各家考订所得，重为孔子作传。其最大宗旨，乃在孔子之为人，即其自述所谓"学不厌、教不倦"者，而以寻求孔子毕生为学之日进无疆、与其教育事业之博大深微为主要中心，而政治事业次之。故本书所采材料亦以《论语》为主。

《论语新解》

钱穆先生为文史大家，尤对孔子与儒家思想精研甚深甚切。本书乃汇集前人对《论语》的注疏、集解，力求融会贯通、"一以贯之"，再加上自己的理解予以重新阐释，实为阅读和研究《论语》之入门书和必读书。

《庄老通辨》

《老子》书之作者及成书年代，为历来中国思想学术界一大"悬案"。本书作者本着孟子所谓"求知其人，而追论其世"之意旨，梳理了道家思想乃至先秦思想史中各家各派之相互影响、传承与辩驳关系，言之成理、证据凿凿地推论出《老子》书应尚在《庄子》后。

《庄子纂笺》

本书为作者对古今上百家《庄子》注释的编辑汇要，"斟酌选择调和决夺，得一妥适之正解"，因此，非传统意义上的"集注"或"集释"，而是通过对历代注释的取舍体现了作者对《庄子》在"义理、考据、辞章"方面的理解。

《朱子学提纲》

钱穆先生于1969年撰成百万言巨著《朱子新学案》，"因念牵涉太广，篇幅过巨，于70年初夏特撰《提纲》一篇，撮述书中要旨，并推广及于全部中国学术史。上自孔子，下迄清末，二千五百年中之儒学流变，旁及百家众说之杂出，以见朱子学术承先启后之意义价值所在。"本书条理清晰、深入浅出，实为研究和阅读朱子学之入门。

《宋代理学三书随劄》

本书为作者对宋代理学三书——元代刘因所编《朱子四书集义精要》、周濂溪《通书》及朱熹、吕东莱编《近思录》——所做的读书劄记，以发挥理学家之共同要义为主，简明扼要地辨析了宋代理学对传统孔孟儒家思想的阐释、继承和发展。

《中国思想通俗讲话》

本书意在指出目前中国社会

人人习用普遍流行的几许概念与名词——如道理、性命、德行、气运等的内在涵义、流变沿革。及其相互会通之点。 并由此上溯全部中国思想史，描述出中国传统思想一大轮廓。

《现代中国学术论衡》

本书对近现代中国学术的新门类如宗教、哲学、科学、心理学、史学、考古学、教育学、政治学、社会学、文学、艺术、音乐等作了简要的概评，既从中西比照的角度，指出了"中国重和合会通，西方重分别独立"这一中西学术乃至思想文化之根本区别；又将各现代学术还诸旧传统，指出其本属相通及互有得失处，使见出"中西新旧有其异，亦有其同，仍可会通求之"。

《中国学术思想史论丛》

共三编八册，汇集了作者六十年来讨论中国历代学术思想而未收入各专著的单篇散论，为作者 1976—79 年时自编。 上编（1—2 册）自上古至先秦，中编（3—4 册）自两汉至隋唐五代，下编（5—8 册）自两宋迄晚清民国。 全书探源溯流，阐幽发微，颇多学术创辟，系统而真切地勾勒了中国几千年学术思想之脉络全景。

《黄帝》

华夏文明的创始人：黄帝、尧舜禹汤、文武周公，他们的事迹虽茫昧不明，有关他们的传说却并非神话，其中充满着古人的基本精神。 本书即是讲述他们的故事，虽非信史，然中国上古史真相，庶可于此诸故事中一窥究竟。

《秦汉史》

本书为作者于1931 年所撰写之讲义，上自秦人一统之局，下至王莽之新政，为一尚未完编之断代史。 作者秉其一贯高屋建瓴、融会贯通的史学要旨，深入浅出地梳理了秦汉两代的政治、经济、学术和文化，指呈了中国历史上这一辉煌时期的精要所在。

《国史新论》

本书作者"旨求通俗，义取综合"，从中国的社会文化演变、传统的政治教育制度等多个侧面，融古今、贯诸端，对中国几千年历史之特质、症结、演变及对当今社会现实的巨大影响，作了高屋建瓴、深入浅出的精彩剖析。

《古史地理论丛》

本书汇集考论古代历史地理的二十余篇文章。 作者以通儒精神将地名学、史学、政治经济、人文及民族学融为一体，辨析异地同名的历史现象，探究古代部族迁徙之迹，进而说明中国历史上各地经济、政治、人文演进的古今变迁。

《中国历代政治得失》

本书分别就中国汉、唐、宋、明、清五代的政府组织、百官职权、考试监察、财政赋税、兵役义务等种种政治制度作了提要钩玄的概观与比照,叙述因革演变,指陈利害得失,实不失为一部简明的"中国政治制度史"。

《中国历史研究法》

本书从通史和文化史的总题及政治史、社会史、经济史、学术史、历史人物、历史地理等6个分题言简意赅地论述了中国历史研究的大意与方法。实为作者此后30年史学见解之本源所在,亦可视为作者对中国史学大纲要义的简要叙述。

《中国史学名著》

本书为一本简明的史学史著作,扼要介绍了从《尚书》到《文史通义》的数部中国史学名著。作者从学科史的角度,提纲挈领地勾勒了中国史学的发生、发展、特征和存在的问题,并从中西史学的比照中见出中国史学乃至中国思想和学术的精神与大义。

《中国史学发微》

本书汇集作者有关中国历史、史学和中国文化精神等方面的演讲与杂论,既对中国史学之本体、中国历史之精神,乃至中国文化要义、中国教育思想史等均做了高屋建瓴、体大思精的概论;又融会贯通地对中国史学中的"文与质"、中国历史人物、历史与人生等具体而微的方面做了细致而体贴的发疏。

《湖上闲思录》

充满闲思与玄想的哲学小品,分别就人类精神和文化领域诸多或具体或抽象的相对命题,如情与欲、理与气、善与恶等作了灵动、细腻而深刻的分析与阐发,从二元对立的视角思索了人类存在的基本问题。

《文化与教育》

本书乃汇集作者关于中国文化与教育诸问题的专论和演讲词而成,作者以其对中国文化精深闳大之体悟,揭示中西传统与路线之差异,指明中国文化现代转向之途径,并以教育实施之弊端及其改革为特别关心所在,寻求民族健康发育之正途。

《人生十论》

本书汇集了作者讨论人生问题的三次讲演,一为"人生十论",一为"人生三步骤",一为"中国人生哲学"。作者从中国传统文化入手,征诸当今潮流风气,探讨"心"、"我"、"自由"、"命"、"道"等终极问题，而不离人生日常态度，启发读者追溯本民族文化传统的根源，思考中国人在现代社会安身立命的根本。

《中国文学论丛》

作者为文史大家，其谈文学，多从文化思想入手，注重高屋建瓴、融会贯通。本书上起诗三百，下及近代新文学，有考订，有批评。会通读之，则见出中国一部文学演进史；而中国文学之特性，及各时代各体各家之高下得失之描述，亦见出作者之会心及评判标准。

《新亚遗铎》

1949年钱穆南下香港创立新亚书院。本书汇集其主政新亚书院之十五年中对学生之讲演及文稿，鼓励青年立志，提倡为学、做人并重，讲述传统文化之精要，阐述大学教育之宗旨，体现其矢志不渝且终身实践的教育思想。

《晚学盲言》

本书是作者晚年"目盲不能视人"的情况下，由口诵耳听一字一句修改订定。终迄时已92岁高龄。全书分上、中、下三部，一为宇宙天地自然之部，次为政治社会人文之部，三为德性行为修养之部。虽篇各一义，而相贯相承，主旨为讨论中西方文化传统之异同。

《八十忆双亲 师友杂忆》

作者八十高龄后对双亲及师友等的回忆文字，情致款款，令人慨叹。读者不仅由此得见钱穆一生的求学、著述与为人，亦能略窥现代学术概貌之一斑。有心的读者更能从此书感受到20世纪"国家社会家庭风气人物思想学术一切之变"。